가야 순례길

손길문화원

도서출판 조은

가야 순례길

인쇄일	2024년 4월 20일
발행일	2024년 4월 20일
지은이	이용봉 김민석 이종철 차성훈 임종운 처점세 감남석
발행인	김화인
펴낸곳	도서출판 조은
편집인	김진순
주소	서울 중구 을지로20길12 405호(인현동1가, 대성빌딩)
전화	(02)2273-2408
팩스	(02)2272-1391
출판등록	1995년 7월 5일 등록번호 제2-1999호
ISBN	979-11-91735-85-7
정가	25,000원

♠ 잘못된 책은 바꾸어 드리겠습니다
♠ 이 책의 내용은 신저작권법에 의하여 국제적으로 보호받고 있습니다.
♠ 전재 및 복재를 할 수 없습니다.

목 차

머리말 ◆ 7

1. 유대인의 한반도 디아스포라

1) 이스라엘 10지파 대륙 디아스포라 : 구약시대 ◆ 12
2) 솔로몬왕의 해상 디아스포라 : 구약시대 ◆ 19
3) 도마선교 디아스포라 : 신약시대 ◆ 23
4) 신나라 디아스포라 : 신약시대 ◆ 30

2. 도마사도 1길 전남 영암

1) 구림 상대포 ◆ 37
2) 비리국의 복홀차 ◆ 42
3) 구림도기가마터 ◆ 45

3. 도마사도 2길 경남 남해

1) 남해 도마마을 ◆ 50
2) 남해 대국산성 ◆ 51
3) 도마우물 ◆ 53
4) 가야 12지파 돌 제단 ◆ 54
5) 진교의 백련리 도자기 마을 ◆ 55

4. 도마사도 3길 경북 청도

1) 이서고국비 ◆ 59
2) 청도박물관 ◆ 62
3) 성곡저수지 ◆ 63
4) 이서국왕궁터 ◆ 69
5) 이서국과 도마 ◆ 73

5. 도마사도 4길 경북 영주

1) 읍내리 벽화고분 ◆ 78
2) 도마석상(石象) ◆ 80

6. 허황후1길 경남 김해

1) 허황후 능 ◆ 92
2) 파사각 ◆ 93
3) 구지봉 ◆ 96
4) 구지봉 고인돌 ◆ 98
5) 영대왕가비와 대가락국태조탄강지지비 ◆ 99
6) 수로왕릉 ◆ 102
7) 국립김해박물관 ◆ 106
8) 봉황유적지 ◆ 109

7. 허황후 2길 경남 산청

1) 산청의 구형왕 릉 ◆ 116
2) 동의보감촌 ◆ 118

3) 산청박물관 ◆ 119

4) 경북 고령의 고천원 ◆ 120

8. 허황후 3길 경북 포항

1) 가야의 디아스포라 ◆ 126

2) 포항 냉수리 신라비 ◆ 128

3) 연오랑과 세오녀 테마파크 ◆ 132

9. 허황후4길 경북 경주

1) 실크로드와 디아스포라 ◆ 138

2) 로만글라스 ◆ 140

3) 신라금관 ◆ 142

4) 문무대왕비 ◆ 144

5) 금령총 기마인물형 도기 ◆ 149

10. 복호차 1길 전남 보성

1) 복호차 시배지 장고을 ◆ 152

2) 갑호사지 ◆ 154

3) 한국차박물관 ◆ 155

11. 복호차 2길 전남 강진

1) 강진 고려청자박물관 ◆ 163

2) 다산 초당 ◆ 167

3) 해남 대흥사 일지암 ◆ 168

4) 강진 백운동 원림정원 ◆ 171

12. 복호차 3길 경남 하동

    1) 하동 쌍계사 차나무 시배지 ◆ 174
    2) 하동녹차연구소 ◆ 176
    3) 하동야생차박물관 ◆ 178

13. 복호차 4길 경남 진주

    1) 오성다도(五性茶道) ◆ 183
      가) 신성(身性)을 기르는 중정음다법(中正飮茶法) ◆ 183
      나) 영성(靈性)을 기르는 합장헌다법(合掌獻茶法) ◆ 184
      다) 족성(族性)을 기르는 경의정진다법(敬義情進茶法) ◆ 185
      라) 개성(個性)을 기르는 오감점다법(五感點茶法) ◆ 186
      마) 감성(感性)을 기르는 상풍끽다법(賞風喫茶法) ◆ 187
    2) 진주성 촉석루 ◆ 188
    3) 국립진주박물관 ◆ 190
    4) 고대 유물과 가야 유물관 ◆ 193

14. 복호차 5길 제주

    1) 대정 추사관 ◆ 197
    2) 오설록티뮤지엄 ◆ 198
    3) 동굴의 다원 다희연 ◆ 200

    마치면서 ◆ 203

머리말

한잔의 녹차로부터 시작된 나의 소박한 차 연구를 알이랑 디아스포라 대행전이라는 대미로 장식해 주신 그리스도 우리 주님을 감사하고 사랑합니다. 그리고 연구에 지치지 않도록 멘토 역할을 해주신 이용봉 목사님이 없었다면 이 연구가 마무리 되지 않았을 것입니다.

저는 켈빈의 직업 소명론에 많은 감동을 받아왔습니다. 성도는 누구나 자신의 직업으로 사회에 봉사하고 이러한 사회적 봉사를 통하여 주님의 일을 충분히 감당할 수 있다는 뜻이지요. 이제 인생의 후반부에 접어들고 교수 은퇴도 하게 되니 또 다른 미션이 필요했는데 그때 만나게 된 것이 김해시 기독교 연합회에서 주최하고 손길 문화원이 주관하는 가야건국 예배였습니다.

처음엔 다소 생소했지만, 땅끝까지 복음 전하라는 주님의 미션을 부여잡고 해외 선교에 꿈을 꾸던 나에게 도마와 가야사는 또 다른 동기부여가 되기에 충분했습니다. 도마와 가야사를 연구하기 위해 전남의 영암, 목포, 강진, 보성, 경남의 김해, 경북의 경주 포항,

영천을 돌아보면 볼수록 대륙의 동쪽 땅끝인 한반도에 복음을 전하려 4차에 걸쳐 디아스포라를 해온 우리의 조상들에 대한 이야기가 너무도 명확해졌습니다. 그리고 불교의 부산물쯤으로 알고 마시는 차문화가 구약시대의 성찬식에서 시작되었으며 이러한 문화가 한반도에 풍류도라는 이름으로 한때 존재했음을 경북의 청도, 경남의 거창, 고성 등지를 방문하며 명확히 알 수 있었습니다.

그래서 저는 저의 선교의 방향을 바꾸었습니다. 주님이 가라시는 땅끝이 어디인지를 명확히 알게 되었습니다. 그래서 손길문화원과 알이랑디아스포라행전을 기록하는 저희들의 그동안의 연구를 좀 더 많은 분들이 알수 있도록 정리하고 발표함으로 우리 민족의 정체성과 선민으로서의 자긍심를 키워나가고자 합니다.

그리고 저의 연구에 또 다른 실마리가 되어주신 오성 다도 창시자 아인 박종한 선생과 1대 전수자 한국 오성다도 교육원 박군자 원장님에게도 감사드립니다. 아인 박종한 선생은 다도를 통해 한국을 이끌어 나갈 인재를 만들고자 하신 분입니다. 그는 다음과 같은 한시를 남기셨습니다.

　　無門天地逍遙遊　賞風喫茶昇華仙

해석하면 "하늘과 땅 사이에 본래 문이 없으니 여기저기 마음껏 소요하면서, 풍류를 느끼며 차를 마시니 몸과 마음이 신선으로 승화되었네."입니다.

 저는 이 한시에 있는 차와 풍류의 관계를 좀 더 많은 분이 알았으면 좋겠습니다.

 우리나라 풍류라는 단어가 처음 사용된 것은 화랑도에서 찾을 수 있습니다. 기록상으로는 지금의 청도인 이서국의 청년들이 시작하여 가야를 거쳐 가야 합병 후 신라에 들어가 진흥왕 37년인 576년에 화랑도로 부활하였습니다. 그런데 풍류라는 말의 어원은 헬라어 퓨뉴마($\pi\nu\varepsilon\upsilon\mu\alpha$)이며 이 말은 성령(聖靈)을 뜻하는 말입니다. 요즘의 한국에서는 풍류라는 말이 다소 다른 뜻으로 사용되고 있어 일본 다도의 시조 센노리큐는 일본 다도의 시작이 화랑의 풍류도에서 영향을 받았다고 명확히 하고 있습니다.

 한국의 차와 일본의 차는 차례(茶禮)에서 시작됩니다. 즉 차례는 신에게 제사를 지내는 행위에서 시작되었고 음복의 의미로 나누어 마시는 행위 또한 성찬식의 일종이었습니다. 가야와 신라 시대에는 이러한 의식이 명확했으며, 고려 시대에도 이러한 전통이 자연히 불교 문화로 변천해 간 것입니다.

 앞으로도 저의 이러한 연구는 계속될 것이며, 바라옵기는 많은 분이 알이랑 디아스포라 대 행전에 동참해 주시기 바랍니다. 그뿐만 아니라, 아직도 예수님을 믿지 않는 이스라엘 유대인들에게 주님의 복음이 빨리 전파되기를 바라는 기도에 많은 분의 동역을 부탁드립니다. 샬롬

손길문화원 알이랑디아스포라 행전위원장
김 민 석 박사

제1부

유대인의 한반도 디아스포라

1
유대인의 한반도 디아스포라

한반도는 고대부터 많은 유물에서 서양과 문화교류의 흔적이 나타난다. 특히 어릴 때 신라고분에서 본 로만글라스는 나의 연구에 깊은 영향을 주었다. 과연 한국에는 왜 로마시대 유리잔이 나타나는 걸까? 그 해답을 찾아가는 길이 알이랑 디아스포라 행전이며, 알이랑순례길의 시작이다.

1) 이스라엘 10지파 대륙 디아스포라 : 구약시대

1994년 랍비 아비하일(Rabbi Eliyahu Avichail) 조사단에 의하면 B.C. 722년 앗수르 왕이 이스라엘을 침공하여 사마리아에 살았던 이스라엘의 10지파 사람들을 유프라테스강 건너 앗수르의 여러 지방으로 끌어갔다. 사마리아에는 다른 부족들을 이주시켜서 살게 하였는데[1] 이들이 끌려간 곳이 "하라와 고산 강가에 있는 할라와 하볼과 메데 사람의 여러 고을"[2]이라고 성경은 기록하고 있다. 할라(Halah)는 지금의 아프카니스탄의 서북부

---
1) 열왕기하 17:23~24.
2) 열왕기하 17:6.

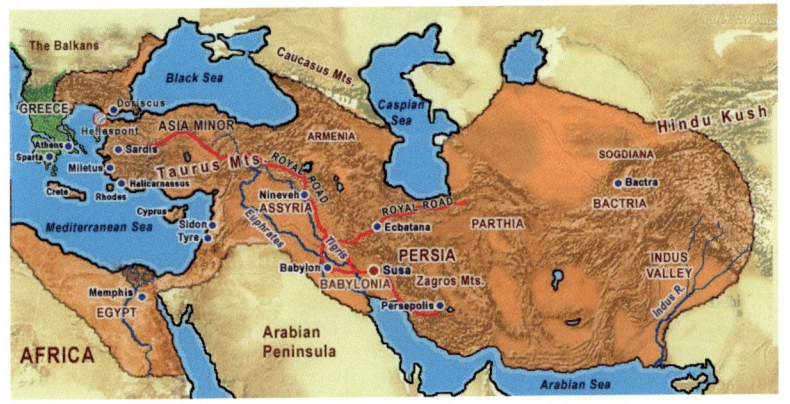

에 있는 제3의 도시로서 헤랏트(Herat)라는 곳이고, '고산 강' (the River of Gozan)은 지금의 아프카니스탄과 구소련령을 경계 삼아 흐르는 강을 말하고, '하볼'(Habor)은 아프카니스탄과 파키스탄을 연결하는 길을 따라 있는 고을로서 지금의 페샤아르(Peshawar)라고 부르는 곳이며 '메데 사람의 여러 고을' (the Cities of the Medes)은 지금 쿠르드족(Kurds)들이 사는 쿠르디스탄(Kurdistan) 인데 지금은 이라크 북부, 터키 동부 그리고 이란 서부의 고원지대를 차지하는 지역이라고 했다. 이곳에 잡혀 온 이스라엘의 10지파는 앗수르 제국이 망한 뒤에 각지로 흩어져서 사실상 역사의 무대에서 사라진 '이스라엘의 잃어버린 양들'이 되었다. 이 중에 페르샤와 아프가니스탄에 살았던 사람들은 동쪽으로 이동하여 지금의 파키스탄, 카슈미르(Kashmir), 티벳(Tibet), 중국[3] 등지로 이주하여 살게 되었다. 쿠르디스탄 영역

---

[3] 성경에는 시님 Sinim, 사무엘 49:12.

에 살았던 사람들의 일부는 북상하여 코카사스 산맥을 넘어 흑해(黑海, Black Sea)와 카스피해(Caspian Sea) 사이를 지나 지금의 볼가강(Volga) 하류 지역에서 일부는 동쪽으로 이동하여 우랄 산지에 이르렀고 일부는 서쪽으로 이동하여 유럽지역으로 간 것으로 알려졌다. 티벳을 거쳐 중국에 들어가 개봉(開封)에서 노예로 살던 사람들은 가지고 있던 토라를 중국인들에게 빼앗겼으나 제사장들은 신앙과 전통을 구전으로 전하며 미얀마를 거쳐 서부 친족(Chin Tribes) 지역과 미조람과 마니폴 산간지역에 들어가 정착하여 오늘에 이르렀다. 이 카렌족들은 이스라엘의 잃어버린 10부족의 후손들이며, 이들 중 일부는 우랄산맥(Mts, Ural)을 넘어 해돋는 동쪽에 하나님께서 계신 곳으로 믿고 점진적으로 동쪽으로 이동하여 지금의 알타이 사막의 북쪽 지방의 광활한 카자크스탄, 우즈베키스탄의 대 초원지대에 이르렀다. 그리고 이들은 이곳의 원주민들과 혼합하여 오늘의 우랄 알디이 셰뭉의 기마민족(騎馬民族)이 탄생하게 되었다. 후에는 이들의 일부가 동쪽으로 이동하여 지금의 중국의 동북 3성 지역에 많은 부족국가를 이룩하였고 이들 기마민족의 일부가 남하하여 한반도와 일본열도의 통치자들이 되었다라고 발표하였다. 이렇게 한반도에도 디아스포라를 통해 대륙을 건너온 조상들이 존재하게 되었다.

그리고 더욱 놀라운 것은 지석묘이다. 지석묘는 세계적으로 약

73,000개 정도가 남아있는데 그중에 43,000개가 우리의 땅에 남아있고 아메리카 인디언의 땅 그리고 시리아와의 국경지대인 이스라엘 골란 고원의 서쪽이자 북부 갈릴리 북쪽인 키부츠 샤미르 근처 들판에서 웃돌(상석, 뚜껑돌, 덮개돌, 蓋石 등으로도 불림)의

골란고원의 감라(Gamla)에 있는 고인돌

강화의 고인돌

아랫면에 고대 문자 같은 그림이 새겨진, 특이한 이스라엘 최대급 고인돌이 최근 발견되었으며 골란 고원엔 총 5천 600기, 갈릴리 북부에만 약 400기의 고인돌이 밀집돼 있다. 이로 보아 이 지석묘가 나타난 곳에는 연관 관계가 있음을 알 수 있다. 지금 학자들은 이것을 지석묘라고 하지 않고 고인돌이나 제단으로 말하고 있어 제사장들이 하늘에 제사 드린 것으로 말하고 있으니 우리나라에 43,000개의 고인돌이 나타났다는 것은 여기에 제사장들이 있었다는 것을 나타내는 증거이기도 하다.

그리고 우리나라 청도는 고대로부터 이서국으로 누에를 많이 쳤으며 비단옷을 만드는 고장이었는데 이 비단은 제사장이나 왕이 입는 옷이었다. 경남 산청에 가보면 특별한 유물들이 전시된 것을 볼 수 있는데 바로 비단에 대한 유물들이 그것이다. 산청은 금관가야, 소가야, 아라가야이 세력권에 있었으나 5세기 초 광개토대왕의 침략으로 경남 김해의 금관가야 중심에서 내륙산간 후진 지역인 경북 고령의 대가야로 중심세력이 변화되면서 대가야에 속하게 된다.

이 지역에서 발굴된 고령계 토기 출토를 근거로 한 대가야의 공간적 범위는 합천, 거창, 함양, 남원, 장수, 진안, 의령, 진주, 산청 등까지 이어지는데 이들 지역에서 대형무덤 발굴, 고령계 토기가 다량 출토되고 있으며 대부분 지리산 문화권에 중복된다고 말하고

직물짜기

있다.[4] 이 산청지역에서 비단이 출토되었다는 것은 당시에 얼마나 많은 비단이 생산되었는가를 보여주는 것이라 할 수 있겠다.

또한, 발굴 부장품에서 비파형 청동 검이 발견되었다. 이 비파형 내륙 청동 검은 B.C. 1,100년경 후 단군[5] 시대에 만든 검이다. 이

---

4) 청도군연역.
5) 단군(檀君 또는 壇君 우리말을 음차하여 한자를 썼기 때문에 각각 다른 한자를 쓰기도 한다)의 단자는 제단(祭壇)의 의미를 가지고 있으며 군은 족장 또는 왕의 개념을 가진 말로 구약의 아브라함과 같은 제사장과 지도자의 권한을 가진 사람을 일컫는 말이다. 제정일치(祭政一致)시대의 지도자상으로 고조선에는 47대의 단군이 있었다. 단군에 대해서는 샘의 후손 중 욕단 계열이 동쪽으로 왔고 그 욕단이 단군이라는 말과 그 자손 중 디글라(창10:27)라고 주장하기도 한다. "단군"이란 말은 우리 말의 "당골"이란 말은 자주 찾아 오는 손님을 뜻하는 말인데 그 어원은 "당골"로 단군은 "당골임금"이란 뜻이다. "당골"은 '텡그리'가 "Tengir)Tengri)당고르)당골)단군"으로 바뀐 것이다. '텡그리'는 신

17

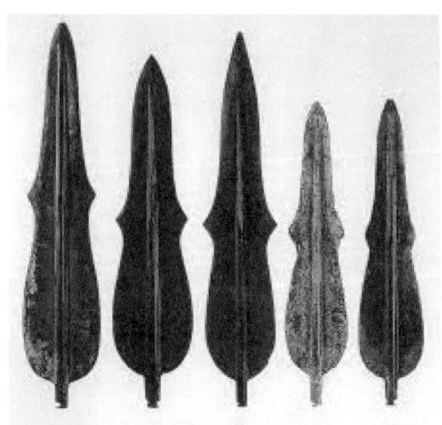

비파형 동검들
https://images.app.goo.gl/UhBjY1GdUXWSFoyz5

검이 중국 무순 시에서 발굴되는 것을 보아 연관 관계가 있음을 알 수 있다. 즉 요동지역에서 크게 활동하였던 소호 금천씨(小昊 金天氏)는 청동기술이 있어서 철을 다룬다고 쇠 금(金)자를 써서 금천(金天)이라고 했는데 이들의 자손 중에 일부가 남하한 것이다. 이들이 남하하여 제사장의 니리 이서국을 세웠다는 것은 일리가 있는 이야기이다. 본래 단군은 하늘에 제사를 지낸 제사장이었다. 단군이라는 말이 개인을 가르친 것이 아니라 하늘에 제사를 지내는 사람이라는 직분을 나타내는 명칭이기에 이서국의 사람들을 제사장이라고 한 것도 연관 관계가 있음을 알 수 있다.

을 뜻하는 것이지만, 우리나라에서는 "신과 인간을 연결하는 무당"의 의미로 사용되었고, 이미 '단군시대'에는 '신과 인간을 연결하는 제사장'의 의미로 정착했던 것이다. 만주에서는 'tegri'가 신을 의미하지만 우리나라에서는 '단군'이 제사장의 의미로 쓰였음을 알 수 있다.(최태호의 우리말 바로 알기)

2) 솔로몬왕의 해상 디아스포라 : 구약시대

 2006년 주일 이스라엘 대사인 에리 코헨은 '대사가 본 일본인과 유대인'이란 책을 출판하여 '고대 유대왕국의 12지파 중 10지파에 속한 19만 명이 일본에 들어와 있었다.'고 주장하였다. 일본의 원주민들은 대부분 말레이나 월남 등지에서 배를 타고 구로시오 해류(黑潮海流)를 따라 북상한 남방의 농업 민족이었다. 그 후 북방에서 내려온 체격이 좋고 문화 수준이 높았던 우랄 알타이 계통의 기마 민족들이 남하하여 이들 남방출신 사람들의 지배계급으로 군림하고 나라들을 세우기 시작하였다. 이러한 일본인혈통에 유대인의 피가 흐른다면 혈연적으로 가장 비슷한 유전자를 가지고 있는 우리 한민족도 유대인과 혈통적 개연성이 가능하다.

 일본의 경우 고대사를 연구하는 사람 중에 일본에 처음으로 정착한 사람들은 남방계통의 사람들이었고 후에 문화 수준이 높은 북방계통의 기마 민족들이 한반도를 거쳐 도래(渡來)하여 지배계급을 형성하였다고 주장하는 사람들이 많이 있다. 그리고 그 북방계열 사람 중에 이스라엘 민족의 혈통을 이은 사람들이 있어서 일본과 유다가 같은 조상이라고 주장하는 일·유 동조론자들까지 있다. 그들은 일본의 문화적인 양상이 이웃의 한국이나 중국과는 전혀 다른 점들이 많이 있으며 오히려 유대인의 풍습과 너무나 유사한 것이 많다고 한다. 또 자기들의 언어나 문화도 유사한 것이 많이 있고 이들은 일본 내의 지배계층에 속한 사람들로서 이스라엘의 잃어버린 갓 지파의 하나에 속한 사람들이라고까지 주장하고 그 증거들을 제시하고 있다.[6] 이런 일들이 사실적인 이해로 받아들일 수 있다면 상고시대에 한반도에 유입한 부족 중에 특히 우랄알타이 지역을 거쳐 온 기마민족의 혈통 속에 이스라엘 민족의 피가 섞여 있는 부족이라든가 중앙아시아와 북부인도 지역에서 일찍부터 기독교를 받아들였던 부족들이 유입해 들어올 가능성도 부인하지 못하게 된다.[7]

이러한 유대인이 한반도에도 유입이 되었음을 뒷받침하는 성경적 기록이 솔로몬이다. 솔로몬은 왕은 다윗과 약속한 성전 건축을 위해 두로왕 히람과 손을 잡고 성전을 건축하였다. 히람왕은 많은 목재와 기술자들을 보내었고 솔로몬도 많은 인력을 보내어 벌목과 석재을 가져오는 일을 함께하였다는 것은 성경에도 기록된 사실이다.[8] 당시 두로와 시돈은 무역을 통하여 많은 부와 지식을 가지고 있던 발달된 도시 국가였다.

이들은 지중해를 넘나들던 페니키아 상단이었고 동남쪽으로는 아라비아내륙이나 홍해, 남쪽으로는 애굽, 북쪽으로는 바벨론으로 향하는 국제교통의 중심지에 있어서 해양과 내륙의 모든 상권을

---

6) 일본에는 '고대에 유대인과 일본의 교류가 있었다.'는 내용으로 지어진 중요한 서적만 해도 1875년부터 2007년까지 132년간 51권이 나왔다.
7) 정학봉, 사도 도마이야기, P.242.
8) 열왕기상 5~7.

장악하고 무역으로 돈을 모은 사람들이다. 얼마나 이들이 화려하였던지 에스겔 선지자의 두로에 대한 심판을 보면 알 수 있다. 솔로몬은 이런 히람왕과 손을 잡고 오빌(Ophir)과 무역하여 많은 부를 축적하였다.[9] 뿐만 이니라 솔로몬 왕은 히람의 요청에 따라 에시온 게벨 항을 열고 거기서 무역선을 만들어 띄어 동방으로 나가는 뱃길을 열었으며 이로서 3년에 한 차례씩 배가 오가므로 큰 부를 이루었다. 이런 무역으로 많은 상인이 각 지역으로 나갔으며 그들은 외지에서 많은 물품을 조달하고 가지고 온 물건들을 판매했을 것이다.

최근에 솔로몬과 페니키아의 연합 상선들이 인도에서 더 동쪽으로 무역하였던 흔적들이 나타나고 호주나 태평양의 여러 섬에서도 당시의 페니키아 문자들과 그 자손들이 지금까지도 사는 것이 발견되었다. 당시에 어떻게 이렇게 먼 항해를 할 수 있었을까 하는 의아심을 가진 분들이 많을 것이다.

하지만 당시의 페니키아는 엄청난 항해를 통하여 부를 축적하였다. 성경에 두로와 시돈 지방을 가신 예수님의 모습을 본다. 그 두로와 시돈이 페니키아의 상선들이 드나들던 곳이다. 인도보다 더 동쪽으로 진출하려면 반드시 말라카 해협을 지나야 했다. 당시 말라카 해협에 있는 말레이반도에도 유대인 무역업자들이 거주하였고 그곳에 회당을 세웠다.

---

9) 열왕기상 9:26~28.

솔로몬 해양 디아스포라 항로

바울은 가는 곳마다 흩어진 유대인의 회당을 찾아 복음을 선포하였던 것을 보듯이 사도 도마도 인도 선교를 하러 가는 도중에 유대인의 회당에 들어가 복음을 전했다. 시바 왕국과 남인도 선교를 하러 가는 도중에도 도마는 먼저 유대인들의 회당에 들어갔고 그곳에서 메시아의 오심을 선포하고 교회들을 세웠다. 이는 동아시아로 나가는 길에 말라카 해협의 항구에 들러서도 유대인 촌에서 선교했을 것은 너무나 당연한 일이며 사도 도마의 구체적인 활동의 기록이 없지만, 말레이에 들렀다는 기록이 남아있다는 것은 이를 증명하는 것이리라. 이렇듯 도마는 인도양과 태평양의 무역을 연결하는 말레이로 배를 타고 항해를 계속하였다.

3) 도마선교 디아스포라 : 신약시대

예수님은 승천하시기 전 제자들에게 "온 천하에 다니면서 복음을 전하라. 제자를 삼으라."고 하셨다.[10] 사도들은 모두 예루살렘에 모여 있었다. 베드로라 부르는 시몬과 그의 형제 안드레, 세베대의 아들 야고보와 그의 형제 요한 빌립과 바돌로매, 도마와 세리 마태, 알패오의 아들 야고보와 가나안 사람 시몬, 그리고 야고보의 형제 유다 들이었다. 우리는 이 세상을 여러 지역으로 나누었고, 우리들의 누구든지 그에게 제비뽑아 떨어진 지역을 주께서 그를 보내신 나라로 믿고 가도록 하였다. 그리하여 제비뽑은 결과 인도는 쌍둥이라고도 부르는 유다 도마에게 떨어졌다. 그러나 그는 그곳에 가지 아니하려고 하였다. 그 이유로서 육신이 허약하여 여행할 수 없으며, "나는 히브리 사람으로 어떻게 인도사람들에게 갈 수 있으며 그들에게 진리를 선포할 수 있겠느냐?"는 것이었다.[11]

제자들은 다 각기 자신들이 뽑은 지역으로 향하였지만, 도마는 그대로 주저앉아 기도하고 있던 어느 날 이런 도마에게 주님이 오셔서 말씀하셨다.

---

10) 도래한 열한 제자가 갈릴리에 가서 예수께서 지시하신 산에 이르러 예수를 뵈옵고 경배하나 아직도 의심하는 사람들이 있더라. 예수께서 나아와 말씀하여 이르시되 하늘과 땅의 모든 권세를 내게 주셨으니, 그러므로 너희는 가서 모든 민족을 제자로 삼아 아버지와 아들과 성령의 이름으로 세례를 베풀고, 내가 너희에게 분부한 모든 것을 가르쳐 지키게 하라. 볼지어다 내가 세상 끝날까지 너희와 항상 함께 있으리라 하시니라.(마 28:16~20)
11) 도마복음 도마행전. 정학봉저. 도서출판 동서남북. 2013. 서울. P.157.

사도도마 https://images.app.goo.gl/51pEBJPQkypd3Unr8

"도마야 두려워 말라 인도에 가서 말씀을 선포하라. 내 은혜가 너와 함께 있으리라."

하지만 도마는 이 말을 듣고도 가는 것을 주저했다. 그는 계속 주님과 더불어 씨름을 하였다.

"당신이 원하시는 곳에 가겠습니다. 하지만 인도가 아닌 다른 지역으로 나를 보내주십시오. 나는 인도에 가지 않겠습니다."

그때 인도에 군다포러스(Gundaporus) 왕[12]은 자기의 아름다운 왕궁을 건설하기를 원했다. 하지만 그런 아름다운 왕궁을 지을 수 있는 목수가 없어 탄식히고 무역업을 하는 압바네스(Abbanes)에게 명하여 좋은 목수를 반드시 구해 데려오라고 명하였다. 왕의 명을 받은 압바네스는 여러 지역을 다니면서 목수를 구하려고 하였으나 만족할 만한 사람을 얻을 수가 없었다. 그는 당시에 많은 기술자가 있었던 예루살렘으로 왔다. 주님은 정오에 도마를 데리고 장터로 가셨다. 여기저기를 다니시다가 상인 압바네스를 만나 은

---

12) 주후 1세기에 인도의 일부지역을 통치한 사람으로 그의 동전에는 그의 이름이 헬라어로 Hyndopheres로 기록되어 있다.

3개(3Litrae는 1.3kg)를 주고 도마를 팔았다. 도마는 인도로 가는 것을 싫어했지만 주님은 도마가 절대 자유로울 수 없는 노예의 신분으로 인도에 가도록 한 것이다. 당시 노예 신분은 주인이 가는 곳 어디든지 따라다녀야 했고 그가 인도 왕이 명령을 받은 사람이라 인도까지 갈 수 있게 되었다. 다음 날 도마는 일찍 일어나 주님께 기도했다.

"주 예수님 당신이 원하시는 대로 가겠습니다. 당신의 뜻이 이루게 되기를 기원합니다."

그리고 압바네스에게 갔다. 그때 도마가 가진 것이라고는 주님이 상인에게서 자신을 팔고 받은 은 3개뿐이었다. 주님께서 상인에게 받은 돈을 도마에게 주면서,

"너는 어디로 가든지 내 은혜가 너와 함께 하고 너를 팔았던 돈도 너와 함께 있기를 바란다."라고 말씀하셨다.

바울은 마케도니아 사람의 도움을 요청하는 환상을 보고 마케도니아로 건너가서 유럽에 복음을 전하는 전도자가 되었지만, 도마는 인도의 군다포러스왕의 명을 받은 압바네스에게 팔려서 인도에 가게 되었다. 이는 주님이 도마를 인도에 보내신 것이며 또한 "인도의 부르심"(Indian Call)이라고 할 수 있다. 부르심의 방법은 달랐

군다포러스(1849년 발굴)

지만, 땅끝까지 증인이 되라 하신 말씀을 이루려고 하신 것이다.

무역상인 압바네스는 도마를 데리고 인도의 여러 성을 들렀고 여러 날이 지나서 군다포로스 왕에게로 갈 수 있었다. 약속대로 도마는 군다포로스왕의 왕궁을 무사히 지어 큰돈을 벌었다.

사도 도마는 에뎃사에 선교하였다. 에그레시아스티케(Eclesiastike)라는 책을 쓴 아우라이(Bar Aurai)는 사도들의 설교를 수록하려고 썼는데 여기에 사도 도마가 예수님의 승천 후 2년(A.D. 32년)에 아시아 교회에서 설교하였다고 기록하였다. 도마는 에뎃사(Edessa)와 빠르띠아(Parthia) 선교를 성공적으로 수행하여 무속신앙과 다신교 사회에 유일하신 하나님과 구세주 예수 그리스도를 믿는 신앙을 선포하고 믿게 하는 데 큰 역할을 하였다. 이 일은 사도 도마의 성령 충만한 영성과 주님의 인류구원을 위한 지상명령에 순종하여 담대하게 이방 종교문화 사회에 목숨 바치면서 선포한 도마의 사역이 있었기 때문이다. 당시의 불편한 상황을 극복하고 이런 큰일을 이룬 것은 사람의 상식이나 지혜의 능력으로 된 것이 아니라 도마와 함께하시면서 이루신 성령의 역사와 기사들 그리고 성령의 감동이 함께 하였기 때문이다.

도마는 유브라데스강 상류에서 배를 타고 강을 따라 내려와서 페르샤만(Persian Gulf)에 이르고 아라비아해(Arabian Sea)를 거쳐서 현재의 파키스탄(Parkistan)을 흐르는 인더스강(Indus River) 변에 상륙하여 인도 선교를 시작하였다. 고대 부족 사회에서는 개인이 자기의 일을 결정하는 시대가 아니고 부족의 생활양식은 부족의 추장(酋長, Chief)이 결정하기 때문에 종교문제와 같이 중요한 일들은 그 부족을 통치하는 추장의 결정에 따르는 것이 현실이었다. 그러므로 사도행전에서나 도마행전에서 볼 수 있듯이 사도들이 설교할 때에 왕들이나 그 지방의 고위직의 사람들에게 복음을 증거 하였던 것도 그들의 결정이 그 부족 사회나 국가에 거의 절대적인 영향을 끼쳤기 때문이었다.

　도마는 여기서부터 인도의 북쪽 지역을 여행하면서 선교를 시작하였다. 당시의 가장 큰 세력으로 군림하였던 군다포로스 왕에 대한 선교의 기록이 많은 것도 이 때문이다. 이후 도마는 인도의 동북지방인 히말라야 산속의 작은 부족들이 사는 미조람(Mizoram)으로 들어갔다. 이 지역은 몽골계통의 부족들이 인도로부터의 독립을 요구하고 있는 분쟁지역으로 되어있어 외부인의 출입이 금지된 구역이기도 하다. 미조람은 중심국도인 남북을 달리는 산꼭대기의 길을 따라가다 보면 해 뜨는 쪽은 미얀마(Myanmar)요, 해지는 서쪽의 끝은 방글라데시(Bangladesh)이다. 대나무 숲으로 덮여 있는 이 지역은 한반도의 1/10 정도이고 현재의 인구는 약 100만 명 정도라고 알려져 있다. 사도 도마는 이곳에 이스라엘 사람들이 있음을 알고 배를 이용하여 간지스강(Ganges) 하구에서 벵갈만의 치타콩(Chittagon)에서 까르나프리강(Karnaphuli)을 거슬러 올라가서 미조람의 첫 강변마을인 뜨라봉(Tlabing)에 상륙하여 미조람 내륙으로 들어갔을 것이다. 사도 도마는 두 차례나 인도 선교여행 중에 미조람을 방문하였다. 도마의 행적은 인도 미조람에서 끝나지 않고 솔로몬의 해상 디아스포라 행전과 같이 상선을 얻어타고 말라카해협을 통해 중국 항주를 거쳐 구림 상대포에 도착했을 것이다. 그리고 상대포에서 잠시 휴식을 취한 후 남해를 거쳐 김해에 도착하고 다시 땅끝을 찾아 낙동강을 이용하여 낙동강의 발원지인 경북 영주 소백산맥에까지 이어졌다.

성곡저수지가 있기 전 마을 전경(성재리聖在里와 우곡리牛谷里가 있었다)과 현재의 성곡저수지

2009년 경북 청도에 성곡 댐을 건설하기 위한 대대적인 발굴이 시작되었는데 그곳에서 놀랍게도 고분들이 발견되었으며 3,600여점의 유물들이 쏟아져 나왔다. 그런데 이들 유물은 신라, 백제, 고구려와는 전혀 다른 철기 그릇의 형태를 한 토기였다. 이 지역의 역사를 삼국사기, 삼국유사, 동국여지승람 그리고 일본서기의 기록에서 잠시나마 볼 수 있는데 이곳은 과거 이서국이 있던 지역으로 표기되어 있다.

당시 청도를 중심으로 한 이서국(伊西國), 경주를 중심으로 신라의 전신인 사로국(斯盧國)과 김천을 중심으로 한 감문국(甘文國), 영천을 중심으로 한 음집벌국(音汁伐國), 상주를 중심으로 한 사벌국(沙伐國), 경산을 중심으로 한 압독국(押督國), 의성을 중심으로 한 소문국(召文國), 울릉의 우산국등 여덟 부족국가와 실직국(悉直國), 부산의 거칠산국(居漆山國) 울산의 우시산국(于尸山國)등 소국(小國)들이 있었다. 이 중에서 특히 '이서국'이 가장 강력했고 특별한 나라였는데 이스라엘의 음차이며, 이서국은 유일신 하나님을 모시는 나라, 제사장의 나라라는 의미라고 한다.

https://images.app.goo.gl/KKFC8Hzu6Ugkn94L9 좌

4) 신나라 디아스포라 : 신약시대

일본의 학자 이마니시 류(今西 龍)는 가야의 원래 발음이 큰 나라라는 "간 나라"였는데 "간"(干)은 신(神)이나 추장같이 크신 분이라는 뜻이 있어서 "간 나라"는 대국(大國)이나 신의 나라(神國)라는 뜻에서 나온 말이라고 해석하기도 하였다.(久慈力 ツルクロード到來人が建國した日本 東京 現代書館 2005)[13] 가야국에 구간(九干)들이 있었다. 이런 정황으로 생각해 본다면 가야의 여러 나라는 북방에서 내려온 기마민족이 디아스포라하여 세우기도 하였고 또 해상무역로를 통해 한반도에 도래한 나라 등 여러 방면에서

---

13) 가라 또는 가락은 히브리어 키르(קיר) 키랏(קרית)에서 왔고 이는 성, 성읍, 도시, 나라 라는 말이다. 염동옥. 한국과 이스라엘 역사의 비밀, CLC, 2017.8.20. P.41

이루어진 연맹체의 나라라고 해야 할 것이다. 그중 전한을 멸망시킨 신나라가 있다. 신나라는 서기 8~23년까지 중국을 다스린 나라로 북방유목민 출신으로 디아스포라한 왕망과 김당이 중심이 되어 새운 나라로 패망 이후 전남 영암 상대포를 통해 발달된 철기문화, 도자기, 차 문화 등 고급문화와 종교 및 정치경제 사회제도가 급속히 한반도에 유입되었을 것이다. 특히 왕망의 후예인 왕인박사는 이후 일본 아소카문화를 이루는 계기가 되었고 김당의 후예들은 가야를 건국한 김수로와 경주 김씨의 조상이 되었다고 본다.

신나라 이동설을 뒷받침하는 항구가 영암 구림마을 상대포이다. 지금은 일제 강점기 간척으로 내륙이 되었지만 가야시대 이전부터 상대포는 국제 무역항이였다. 조선후기 실학자인 이중환은 『택리지』「팔도총론」 전라도편에 상대포에 대한 글을 다음과 같이 소개했다. "구림은 상선(商船)과 사신선(使臣船)이 꼬리에 꼬리를 물고 출입하였을 정도로 성황을 누린 국제포구가 있었다. 이 포구에서 흑산도와 홍도, 가거도를 거쳐 중국 영파에 이르는 바닷길이 있었다. 바닷길의 여정은 구림에서 흑산도까지 하루, 흑산도에서 홍도까지 하루, 홍도에서 가거도까지 하루, 가거도에서 영파까지 사흘 정도 걸리는데, 동북풍의 순풍을 만나면 하루 만에 주파할 수도 있다. 신라 말엽에서 고려 초엽 사이에 최치원, 김가기, 최승우 등이 구림의 포구에서 상선에 편승하여 이 바닷길을 통해 중국에 건너가서 당나라의 과거에 합격하였다." 그러나 구림 상대포를 대표하는 인물은 단연코 왕인 박사이다.

왕인박사[14]는 서기 8년 한나라를 멸망시키고 서기 23년 멸망한 신나라 황제인 왕망의 직계 후손으로 비리국에서 지배계층으로 살아오다 불행하게도 근초고왕[15]때 비리국이 백제 복홀군으로 복속되면서 그의 모든 일족들과 함께 일본으로 이주한 것 같다. 왕인박사은 앞에서 언급했듯이 신나라 왕망의 직계 후손으로 4세기 백제 근초고왕 때 박사로 일본에 〈논어〉 등 유학 서적을 일본으로 가져가 학문을 전해주었다고 전한다. 또 일본의 오진 천황의 태자에게 학문과 문화를 가르치며, 일본의 고대 역사서인 [고사기(古事記)]에는 와니기시(わにきし)로 일본서기(日本書紀)에는 와니(王仁)로 전해 내려오는 학자이다.

중국의 신나라 왕망에서 출발하여 상대포를 중심으로 비리국의 왕인박사를 거쳐 왜국의 오진 천황의 태자의 스승 와니(王仁)로 이어지는 시공간의 이동은 솔로몬의 해상 디아스포라를 인정하는 자료로 솔로몬 시절부터 시작된 해상 디아스포라는 왕인 이후에도 상대포를 통하여 이루어졌다고 본다. 특히 가장 왕성한 활동을 보인 시기가 한국 3대 정복왕인 백제 근초고왕 시기이다. 먼저 근초

---

14) 왕인박사의 탄생시기에 대해서 한일 양국의 기록이 다양하지만 백제고이왕(234~286 재위) 시기로 보고 있다. 그리고 왕인이 일본으로 간 시기는 정복왕 근초고왕(346~375 재위)과 관계가 깊다.

15) 근초고왕 : 삼국사기 백제본기에 近肖古王 比流王第二子也 體貌奇偉 有遠識 비류왕의 둘째아들로 체격이 크고 용모가 기이하였으며 식견이넓었다고 했으며 백제 13대 군주이며 어라하로 346즉위 375사망. 백제의 최전성기를 이룩한 정복왕이다.

고왕은 백제 13대 임금으로, 서기 346년에 즉위하여 375년까지 30년간 나라를 다스렸다. 그는 활발한 정복 활동을 펼쳤을 뿐만 아니라, 대외관계의 폭을 넓히고, 역사서 편찬, 수도의 확장, 왕권 강화, 해상 무역 등을 발전시키는 등 다방면에 걸친 업적을 남긴 임금이다. 또 백제 초기 불완전했던 왕권을 강화시키고 중앙 집권화를 이루어 백제를 고대국가로 완성한 임금이라고 평가받는다. 근초고왕의 활약 탓에 백제는 삼국 가운데 가장 먼저 전성기를 이룩했다.

영암의 왕인상

제2부

도마사도 1길 전남 영암

2
도마사도 1길 전남 영암

우리나라 해상디아스포라의 첫 항구는 역사적으로 검증을 해보면 단연 전남 영암의 상대포구이다. 일본의 학자 이마니시 류(今西 龍)의 말처럼 가야는 대국(大國)이나 신의 나라(神國)라는 뜻에서 나온 말이다.[16] 지금의 역사적 관점에서는 영암이 백제에 속해 있어 마한의 후손이라고 이야기들을 하지만 1~2세기 백제 근초고왕에 의해 비리국이 멸망하기 전에는 영암과 보성, 강진 등이 변진 12개국 중 하나일 수도 있다는 가정을 조심스레 해본다. 이러한 가설이 가능한 이유는 왕망의 후예인 왕인박사의 존재 때문이다. 왕인박사는 근초고왕이 비리국을 멸망시키기 전까지는 비리국의 지배계급으로 살다 비리국의 멸망과 때를 같이하여 왜국으로 건너가 아소카 문화를 이루게 된다. 이러한 아소카 문화와 관련된 역사적 자료는 일본에는 존재하고 있지만 우리나라 기록에는 거의 남아 있지않다. 한국에 별로 남아 있지 않은 왕인박사의 기록을 왕인박물관을 중심으로 알아보면 다음과 같다.

---

16) (久慈力 ツルクロード到來人が建國した日本 東京 現代書館 2005) 가라 또는 가락은 히브리어 키르(קיר) 키럇(קרית)에서 왔고, 이는 성, 성읍, 도시, 나라 라는 말이다.

왕인박사[17]는 서기 8년 한나라를 멸망시키고 서기 23년 멸망한 신나라 황제인 왕망의 직계 후손으로 비리국에서 지배계층으로 살아오다 불행하게도 근초고왕때 비리국이 백제 복홀군으로 복속되면서 그의 모든 일족과 함께 일본으로 이주한 것 같다. 왕인박사는 앞에서 언급했듯이 신나라 왕망의 직계 후손으로 4세기 백제 근초고왕 때 박사로 일본에 〈논어〉 등 유학 서적을 일본으로 가져가 학문을 전해주었다고 전한다. 또 일본의 오진 천황의 태자에게 학문과 문화를 가르치며, 일본의 고대 역사서인 고사기(古事記)에는 와니기시(わにきし)로 일본서기(日本書紀)에는 와니(王仁)로 전해 내려오는 학자이다. 중국의 신나라 왕망에서 출발하여 상대포를 중심으로 비리국의 왕인박사를 거쳐 왜국의 오진 천황의 태자의 스승 와니(王仁)로 이어지는 시공간의 이동은 솔로몬의 해상 디아스포라를 인정하는 자료로 솔로몬 시절부터 시작된 해상 디아스포라는 왕인박사 이후에도 상대포를 통하여 이루어졌다고 본다.

1) 구림 상대포

기원전 1세기 해상왕국으로 부와 명예를 가진 투국의 김일제 후손은 서기 8년 왕망과 연합하여 중국 한나라를 멸망시키고 신(新)

---

17) 왕인박사의 탄생시기에 대해서 한일 양국의 기록이 다양하지만 백제 고이왕(234~286 재위) 시기로 보고 있다. 그리고 왕인이 일본으로 간 시기는 정복왕 근초고왕(346~375 재위)과 관계가 깊다.

왕인 박사가 일본에 전했다는 천자문 비

나라를 건국한다. 그러나 왕조 개창 15년 만에 적미(赤眉)·녹림(綠林) 등의 농민 반란이 각지에서 발생하자 지방의 여러 호족도 이에 호응하여 왕망을 죽이니 이로 인하여 신(新)나라가 멸망하고 후한(後漢)이 서게 된다. 신나라 왕족세력인 왕망과 김일제의 후손들은 고향을 떠나 그 당시 한반도 최고의 국제무역항인 영암의 상대포로 집단 이동하여 보성과 영암 등지에 비리국을 이루고 산 것 같다.

백제는 3세기 중엽부터 상대포를 중심으로 대륙 지역의 문물을 수입하고 이를 주변 국가에 나눠줌으로써 이득을 챙겼으며 중원의

구림 상대포구

문물을 수입하기 위해 적극적으로 해양 활동에 나섰다. 백제는 옛 낙랑인과 대방인을 포섭하여 그들의 기술력을 수용하며 국력을 키우는 데 힘을 다했다. 북방의 고구려 위협과 대륙의 여러 나라와 교역함에 더욱 강한 국력이 필요하게 된 백제는 이들과의 협력이 절실하였다. 근초고왕은 이러한 요구에 걸맞게 강력한 리더십을 발휘하여 앞선 기술력을 바탕으로 남쪽으로 영산강 유역, 북쪽으로 소백산맥을 넘어 낙동강 유역의 작은 소국들을 정벌해갔다. 일본서기에는 366년 백제가 소백산맥을 넘어 가야, 탁순국, 안라 등 가야연맹의 7개 소국을 정벌하고, 남쪽으로 비리 등 4읍의 항복을 받았다고 한다.

2004년 일본 나라(奈良)국립박물관에서 열린 '칠지도와 이소노카미 신궁(石上神宮)의 신보(神寶)' 특별전에 출품된 '칠지도'. 일본학계는 "372년 백제가 칠지도와 칠자경을 일본천황에 바쳤다"는 〈일본서기〉 기록을 근거로 백제 헌상설을 주장해왔다.

https://m.khan.co.kr/culture/culture-general/article/202106280900001

이때 백제는 마한을 실질적으로 멸망시키고, 전남 해안까지 그 정치적 영향력을 행사하면서 가야연맹에 대한 영향력도 크게 행사하였다. 근초고왕은 아들 근구수 대자와 함께 직접 전쟁에 참여했을 뿐 아니라, 왜국 용병의 도움도 받아 가야에 속한 탁순국을 병합하기도 했다. 근초고왕은 왜국의 사신을 궁성으로 초대하여, 보물창고를 열어 여러 가지 진기한 것들을 보여주며, 백제의 부강함을 과시하고 비단, 쇠뿔로 만든 활, 철 등 왜국이 필요로 하는 물건과 앞선 기술력으로 왜국을 끌어 드려 백제 장군 목라근자로 하여금 신라군을 격파하여 가야 지역을 평정하는 데 공을 세우기도 한다. 일본 이소노카미신궁에 있는 칠지도는 369년 왜왕에게 하사

한 것으로 74.9㎝의 크기에 61자의 명문(銘文)이 새겨져 있다. 왜국은 백제의 앞선 문물을 얻기 위해 백제에 용병을 제공해주었고 백제는 왜왕에게 뛰어난 검을 줌으로써, 왜국의 협력을 구한 것이다. 물론 당시 백제도 왜국에 직접 군사적 영향력을 행사하지는 못했으나 근초고왕이 왜의 협력하므로 백제와 왜국은 더욱더 긴밀한 관계를 맺게 된다.18)

왼쪽 지도는 근초고왕 때 백제의 영토(https://images.app.goo.gl/JpEpFiJ6HSfv95un8) 오른쪽 사진은 근초고왕의 묘라고 보여지는 석촌동 3호 분(https://images.app.goo.gl/cyrqXAZ8r7vM2u7t9)

---

18) [네이버 지식백과] 근초고왕 [近肖古王] – 백제사에 큰 길을 열어준 백제의 13대 왕(인물한국사, 김용만, 장선환).

2) 비리국의 복홀차

한국의 차가 언제부터 만들어 지기 시작 하였는지는 정확하게 알 수 없으나 가야건국시기와 깊은 관계가 있다. 공식기록으로는 삼국사기에 서기 48년 수로왕비인 허황후가 차의 씨앗을 김해 동삼동 일대에 뿌려 차밭을 만들었다는 기록이 있다. 또한 신라와 가야에서 공통으로 출토되며, 국보 91호인 기마 인물상 뒤편에 있는 동복이 가야와 신라를 건설한 김씨 왕가의 차 문화 생활을 예상할 수 있는 단초를 제공해준다.

미루어 짐작하건데 한반도에서는 아무리 늦어도 서기 1세기 이전에 차문화가 왕족들을 중심으로 존재했을 것이다. 또한 보성군사(寶城郡史)에 의하면 서기 369년 백제 근초고왕 24년에 마한의 비리국이 백제의 복홀군으로 통합될 때 특산품으로 차를 바쳤다는 기록이 있다. 이상의 기록들을 종합해보면 차는 한반도 남부지방을 중심으로 재배나 제다가 이루어졌으며 일반 대중들이 먹던 음식이 아닌 것은 확실하다. 적어도 귀족이나 왕족 이상의 선민들이 마시던 귀한 물건인 것이다.

또 하나 차에 대한 재미있는 기록이 성경에 있다.

창 1:29절에 보면,

"하나님이 이르시되 내가 온 지면의 씨 맺는 모든 채소와 씨 가진 모든 열매 맺는 모든 나무를 너희에게 주노니 너희의 먹을거리가 되리라."

 이 문장을 한문으로 풀어보면 '모든 채소'는 풀초(草) 자이며 '모든 나무'는 나무 목(木)이고 너희에게 준다는 사람 인(人)이니 이를 합하면 차(茶)자가 된다.

 또 한 가지는 출애굽기 32장 20절 내용이다. 모세가 그들이 만든 금송아지를 가져다가 불살라 부수어 가루를 만들어 물에 뿌려 이스라엘 자손에게 마시게 하니라. 모세가 시내산으로 십계명을 받으러 간 사이 출애굽한 이스라엘 백성이 모세가 죽었다고 인정하고 모세의 형 아론에게 자신들을 인도한 신을 만들어 달라고 요구한다. 이에 아론은 백성들에게 금을 가져오게 하여 금송아지를 만들어 주었다.

 십계명을 받아 돌아온 모세가 우상 숭배 하는 이스라엘 백성들의 회개를 위하여 취한 행동이 만든 금송아지를 갈아 마시게 하는 대목이다. 이런 비슷한 풍습이 차례이다. 중앙아시아 유목민의 전설에 의하면 차는 탱그리의 성수(聖水)이다. 중앙아시아 유목민의 역사에서 널리 나오는 탱그리는 우리말 단군과 같은 의미로 신정일치(神政一致) 시절의 최고지배자 계급을 의미한다. 성경에 나오는 욕단에서 출발한 알타이족의 탱그리 제사장들은 황금 왕관을 쓰고 굽 높은 제기에 재물과 황금색 차를 우려내어 신에게 차례를 지냈다. 차례 이후 탱그리 제사장들은 황금색 차를 차례를 지낸 참석자들에게 나누어 마시게 하므로 음복을 기원했을 것이다. 결국, 황금색 차는 하늘과 땅을 이어주는 신단수와 같은 의미로 탱그리 제사장들이 소중히 다루고 소중히 마시던 성수(聖水)인 셈이다. 이러한 문화가 디아스포라를 통해 동양과 서양으로 널리 전달되게 된다.

특히 기원전 199년 흉노족 목돌선우가 한 고조 유방을 정벌한 해로부터 약 80여 년간 흉노는 한나라로부터 다양한 조공을 받게 된다. 특히 흉노는 이러한 한나라의 실크를 중심으로 한 조공품들을 실크로드를 이용하여 서역에 판매를 하면서 굉장한 금전적 이익을 축적하였다. 이때 인도 파미르 고원의 차(茶)도 실크로드를 따라 동서양을 왕래하게 되었다. 그러나 이러한 금전적 이익 때문에 흉노는 내분이 일어나게 되고 결국엔 한 무제의 반격을 받기 시작한다. 그러다 기원전 121년 흉노와 한나라와의 전쟁에서 흉노 휴도왕이 전사하게 되고 그의 태자 일제가 포로가 되어 노예 생활을 시작한다.

또 기원전 108년경 요동과 만주의 강자 단군조선마저 한나라에게 멸망되었다. 그러나 불행 중 다행으로 기원전 100년경 김일제는 한 무제의 도움으로 목숨을 구하고 투후가 되어 산둥성으로부터 그 세력을 해양으로 키워 해상왕국 신(新) 나라의 기틀을 다져가기 시작하였고 단군조선은 멸망 이후 조선의 후예들이 부여와 옥저와 동예 등에서 자신들의 세력을 키워 요동과 만주를 중심으로 활동하다 기원전 37년 졸본부여의 주몽을 중심으로 고구려를 건국한다. 이때부터 다시 한나라의 힘은 약화되고 투국과 고구려 등의 유목 민족들이 강성해가는 시기가 다시 도래한다.

3) 구림도기가마터

지금도 왕인박사가 일본으로 문물을 전하기 위해 출발한 상대포구 주변인 영암구림에는 우리나라에서 최초로 유약을 발라 만든 시유토기 가마터가 있으며 이후에는 강진을 중심으로 고려청자가 만들어져 차와 찻잔을 통한 차생활이 가능하게 되었다.

또한 일본 서기에 의하면 4세기 백제 근초고왕 때 왕인박사를 중심으로 한 한 무리가 일본으로 건너가 오진 천황의 태자에게 학문과 차 생활을 가르쳤으며 일본 아스카(飛鳥)문화를 발전시키는 계기가 되었다고 기록되어 있다. 자료에 의하면 왕망의 후손들은 영암과 보성을 중심으로 활동하다 4세기경에는 왕인박사를 중심으로 일본으로 건너가 아소카 문화를 발전시키는 주역이 되었다고 한다. 반면 김일제의 후손들은 복홀국을 떠나 동진하여 김해 가야와 경주 신라를 중심으로 발전해 간 것 같다.

이러한 연구를 종합해보면 고대 한국 차문화 연구에 있어 가장 중요한 출발점이 전라남도 영암 구림마을이다. 한반도에 차의 유입이 이루진 곳도 상대포구이며, 일본 아스카문화의 가장 중심인물인 왕인박사가 일본으로 출발한 곳이기도 하며 우리나라 첫 고온 유약 그릇을 만든 가마터 역시 구림 가마터이기 때문이다.

영암 도기박물관 전시장

제3부

도마사도 2길 경남 남해

3
도마사도 2길 경남 남해

　남해 바다가 한려해상국립공원으로 지정된 것은 1968년입니다. 경상남도 충무시, 사천시, 거제시, 통영시, 하동군, 남해군과 전라남도 여수시의 2개 도, 7개 시·군에 걸쳐 있는 이 지역은 해상 경관이 수려하고 어족 자원이 풍부하며 임진왜란 때의 격전지들이 많이 있다. 한려해상국립공원은 통영군 한산도에서 시작하여 전라남도 여수에 이르는 수로에 펼쳐진 2,438㎢에 달하는 드넓은 해상공원으로, 다도해·비진도·해금강 등을 포함하는 국내 8경의 하나인 일명 한려수도라 부른다. 무수히 많은 수도와 만을 이룬 곶과 반도, 섬 등으로 얽혀 있는 푸른 남해 바다의 거울같이 잔잔한 물위로 점점이 떠 있는 그림 같은 섬들, 호수같이 고요하고 평화로운 포구의 풍경, 해면 위를 날아드는 아름다운 갈매기의 모습들, 멀리 또 가까이 떠 있는 어선 사이를 오가는 크고 작은 여객선, 이 모두가 한 폭의 아름다운 풍경화가 되어 어우러지는 곳이다. 특히 남해는 제주도, 거제도, 진도에 이어 네 번째로 큰 섬이고 모든 섬 중에 유일하게 섬이라는 도(島)자가 붙어 있지 않은 섬이기도 하다. 『동국여지승람』「남해현」편 '형승' 조에 "솔밭처럼 우뚝한 하늘 남쪽의 아름다운 곳"이라고 기록되어 있듯이 산세가 아름답고

바닷물이 맑고 따뜻하여 많은 사람이 즐겨 찾는다.[19)]

본편에서는 아리랑 순례길 중 도마 사도 2길 경남 남해를 소개하고자 한다. 도마 사도가 인도를 떠나 한반도에 올 수 있는 길은 대륙길이 아니라 솔로몬 시대 페니키아인들이 해상무역을 위해 개척한 해상 길이였을 것이다. 인도를 떠나 말라카 제도를 지나 대만을 거쳐 항주를 거쳐 영암 상대포에 이르는 길이 그 시절 보편적이고 가장 안전한 해상무역로였다. 도마는 땅끝까지 복음을 전하라는 예수님의 지상명령을 지키고자 동방의 끝에 사는 디아스포라 유대인을 찾아 한반도의 땅끝을 찾아온 것이다.

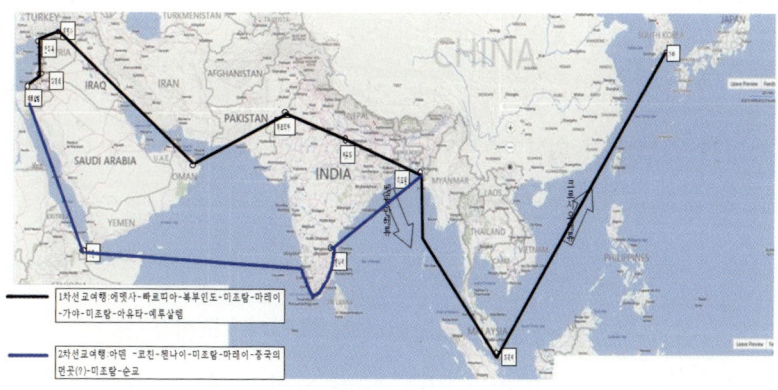

19) [네이버 지식백과] 아름다운 섬나라 남해(신정일의 새로 쓰는 택리지 9:우리 산하, 2012.10.5, 신정일).

상대포에 도착한 도마는 이서국과 사로국을 찾아 한반도 내륙으로 가기 위해 낙동강을 이용하고자 했을 것이고 그때 중간 기착지가 남해 도마마을이 아니었을까 생각된다. 남해 도마마을[20]은 남해군 고현면에 위치한 바닷가 마을로 왜 마을 이름이 도마마을인지는 정확히 전해지는 이야기가 없으나 한 가지 특이한 점은 마을 뒤편에 존재하는 일명 도마 산성으로 불리는 대곡 산성의 존재 때문에 유명해졌다.

1) 남해 도마마을

남해에는 충무공 이순신의 활약이 넘치는 곳이며 마지막 전선인 노량해전이 있던 곳이다. 노량대교를 건너서 한 5분 정도 가면 이락사가 우편에 나타나는데 바로 이곳이 이순신 장군의 마지막 전쟁터를 기념하기 위해 조성된 곳으로 동양 최대의 옥으로 된 벽화가 있고 충무공의 일대기와 동상이 있는 곳으로 들러 볼만한 곳이다.

여기서 좀 더 가다 보면 도마마을이 보인다. 도마초등학교가 있고 동 도마리, 서 도마리가 있다. 도마 교회도 있으나 현재 이곳에 사는 사람들은 이곳이 왜 도마마을인지 아무도 모른다.

---

[20] 경상남도 남해군 고현면에 있는 도마리(都馬里)이다. 대부분의 면적이 평지로 이루어져 있으며, 남해와 가까이 접하고 있는 반농반어촌이다. 마을 동쪽에는 남해가 있으며, 동남쪽으로 대곡천이 흐르고 있다.

도마마을 회관

2) 남해 대국산성

여기서 조금 가면 대국 산성으로 갈 수 있는데 이 대국 산성은 특이한 산성으로 우리는 도마 산성으로 명명한다. 산 90도 능선까지 차가 올라갈 수 있으며 조금만 걸어 올라가면 산성이 보이는데 성은 직각으로 쌓은 벽이 둘러쳐져 있고 산성에 오르면 방어 시설이 전혀 없는 이상한 성을 보게 된다.

외형이 이스라엘 마사다 요새와 흡사함을 느낀다. 크기도 마사다 요새가 높이 400m, 둘레 450m인데 비해 대국산성은 높이 375m, 둘레 1,500m로 마사다 요세에 비해 큰 형태이다. 마사다요새가 유대인들의 결사항전의 정신의 상징이 되어 이스라엘 군인들은 모두 훈련소에서 퇴소할 때 이 요새의 정상에서 "마사다는 다

남해대곡산성

이스라엘 마사다요새

시 함락되지 않으리라!"(שנית מצדה לא תיפול שנית)고 외치면서 전의를 다졌듯이 대국산성도 가야시대에는 비슷한 용도로 사용되지 않았나 상상해 본다. 조금 더 산성 안으로 올라가면 우물이 나타나는데 이 우물은 우리가 생각한 우물과 전혀 다른 형태의 우물이다.

대국산성 도마 우물

3) 도마우물

우물은 우리가 생각한 우물과 전혀 다른 형태의 우물로 우리는 이 우물을 도마 우물이라고 명했다. 우물은 배꼽처럼 안으로 꺼진 형태가 야곱의 우물과 흡사한 형태로 이스라엘식 우물이기 때문이다. 이 우물은 계단식으로 되어 있어서 들어가서 물을 푸게 되어 있어 이 우물의 용도가 제사장들이 제사를 지내기 전에 몸을 깨끗이 씻는 용도로 사용되었으리라 생각된다.

4) 가야 12지파 돌 제단

이 우물을 지나 더 위로 올라가면 12개의 돌이 놓여 있는 곳을 보게 되는데 과거에 이곳에 집이 있었을 것이라고 하지만 사람이 살기에는 너무 길고 좁은 형태이다. 아마 이곳은 12개의 기둥으로 만들어진 재단이라고 하는 것이 좀 더 설득력이 있어 보인다. 도마가 이 성을 쌓고 12지파를 품고 기도했듯이 가야의 후손들이 12가야를 놓고 기도한 기도처가 아닐까 생각해 본다.

가야 12지파 돌 재단 터

5) 진교의 백련리 도자기 마을

남해를 나와 진주로 오다 보면 진교라는 동네에 지나게 되는데 이곳에 백련리가 있고 도자기를 만드는 공장들이 많이 있었던 마음에 갈 수 있다. 지금은 다 떠나고 빈집들만 덩그러니 앉아 있지만, 일본이 침략했을 때 이곳에서 많은 도자기공이 잡혀간 곳이기도 하다. 일본은 이들로 인하여 아름다운 도자기를 만들어 해외에 수출하여 한때 일본은 도자기 수출국이라는 말을 듣게 되었고 인기가 있었는데 이들이 만든 도자기를 이도 도자기라고 하여 우물 정(#)를 새겨놓았다. 바로 이 백련리가 샘골이기 때문에 도공들은 이곳을 기억하고 우물 정(井)자를 자신들이 만든 도자기에 새겨 넣은 것이다. 가야는 차를 많이 마신 나라여서 도자기가 발달 되었고 손잡이가 달린 머그잔이 만들어졌다. 이런 찻잔이 만들어진 도자기 마을 이곳에는 임진왜란 때 잡혀간 무명의 도공들을 위한 비문이 쓸쓸히 한구석에 놓여 있다.

이도다완 도공추모비

제4부

도마사도 3길 경북 청도

4
도마사도 3길 경북 청도

 이번 편에서는 알이랑 순례길 중 도마 사도 3길에 대해 알아보고자 한다. 도마 사도가 솔로몬 시대부터 이용하던 바다 뱃길을 통해 인도를 출발하여 말라카제도를 통해 대만과 중국 항주를 거쳐 전남 영암 구림 상대포를 통해 한반도 도착 후 잠시 쉬었다가 남해를 지나 김해 낙동강을 거쳐 숨겨진 유대인을 찾아간 곳이 이서국으로 추정된다. 고대의 이서국은 지금의 경상북도 청도군 이서면과 화양읍 일대로 알려져 있다.

이서면에 있는 이서고국비

『고려사 지리지』, 『경상도 지리지(慶尙道地理志)』, 『신증동국여지승람(新增東國輿地勝覽)』, 『세종실록지리지(世宗實錄地理志)』 등에서 이서국→이서군→대성군→청도군으로 연결시키고 있어서 대성군은 지금의 청도 지역이다.

청도군의 지형적 특성과 유적의 분포를 보면 청도천(淸道川) 유역의 화양읍과 이서면, 동창천(東倉川) 유역의 매전면 등 세 지역이 일찍부터 마을을 형성하였으며 이서국의 세력으로 전해지고 있는 솔이산성[蘇山縣]은 매전면 일대, 가산현[驚山城, 荊山城]은 화양읍 소라동, 오도산성(烏刀山城)은 다양한 명칭으로 불리는데 유천 북쪽의 오리산(烏惠山)으로 동창천과 청도천이 합류하며 서쪽으로 창녕과 고령, 남쪽으로 밀양을 거쳐 김해로 진출하는 요충지이다. 이서국의 중심지는 『읍지(邑誌)』 등에 전하는 '군의 북쪽 화양읍 토평동의 와촌, 둔직에서 유등동의 집터로 이어지는 반월형의 구릉 일대'로 짐작된다. 구릉 위에는 백곡 토성의 흔적이 일부 남아있으며, 그 남쪽은 이서면까지 청도천 유역 최대의 넓은 들판이 형성되어 있다. 둔직 마을 이름도 이서국 왕성을 지키던 군대가 주둔하였던 곳에서 비롯되었다.

1) 이서고국비

이서국(伊西國)의 유적과 유물 문헌 기록에 전하는 이서국의 역사는 대체로 서기 1~3세기의 일들이다. 이 시기에는 신나라 멸망 후 왕망과 김당의 후손들이 한반도에 자리하여 전남 보성을 중심으로 왕씨 씨족국가인 비리국이 만들어졌고, 김당의 후예들은 더욱 동진하여 청도를 중심으로 씨족 국가인 이서국을 만들었을 것으로 생각된다. 이 시기는 고고학적으로 원삼국(진한·변한) 시대에 해당한다. 원삼국 시대에는 목관·목곽묘와 움집터를 비롯해 와질 토기가 대표적인 고고학 자료이고 목책 토성이 나타나는 시기로 추정할 수 있다. 이서국의 원삼국 시대에 해당하는 유적으로는 이서국 성지로 알려진 백곡 토성과 이서 산성(폐성 또는 주구 산성으로도 불림)을 들 수 있으나, 아직 발굴 조사가 이루어지지 않아 아쉬움이 남는다.

하지만 주변에서 연질 토기 편을 비롯해 5~6세기경의 신라 토기도 채집되는 것으로 미뤄, 백곡 토성은 이서국 시기인 3~4세기경에 처음 만들어졌다가 신라에 복속된 이후에도 계속 사용된 것으로 추정된다. 이서 산성은 신라 유리왕 때 이서국 침공 설화에서 폐성(吠城)의 유래를 지닌 토성지로서, 현재의 화양읍 소라동과 청도읍 송읍리 사이의 절벽으로 이뤄진 주구 형상의 돌출된 지대이며 정상부에는 넓은 평지가 만들어져 있다. 성벽으로 추정할 만한 토루 부분이 북동쪽에 일부 남아있으나 명확지는 않으며, 우물터와 문지로 추정되는 곳도 있다. 성지 내부에서는 4세기 대의 토기 편을 비롯해 고려 시대의 토기 편과 기와 편도 다수 보인다. 이서 산성은 지대가

험준하고 협소하며, 북쪽 능선을 따라 이서국 도읍지인 백곡 토성 쪽으로 연결되는 통로가 존재할 뿐 아니라 입지상 주위를 조망하기에 적합해 이서국의 전초 기지로 활용되었을 것으로 추정된다.

　최근에 이서국의 고지로부터 가까운 거리에 위치하는 청도 신당리 유적 발굴 조사에서 이서국 당시의 고고 자료라고 할 수 있는 원삼국 시대의 원형과 방형계 움집터가 확인됐다. 원삼국 시대의 와질 토기로 알려진 조합식 우각형 파수부호(쇠뿔 손잡이 항아리), 주머니호(주머니 항아리), 타날문 단경호(두드린 무늬 항아리)가 출토됐다. 이들 고고 자료는 영남 지방의 고고학적 연구 성과에 비추어 볼 때, 기원후 1~3세기 삼한 소국들의 존재와 그 문화상을 보여주고 있다. 또 이들 고고 자료는 인접한 경산의 고대 소국인 압독국 유적에도 동일하게 분포하고 있으며 이서국의 고지인 청도

쇠뿔 손잡이 항아리

분지의 중심을 가로질러 흐르는 청도천 주변의 진라리, 무등리, 범곡리, 송북리, 눌미리, 합천리, 칠성리, 화리, 신당리 등에는 다수의 청동기 시대 고인돌군이 무리를 이뤄 분포한다. 이들 고인돌과 함께 진라리 · 송읍리 · 신당리 등에서 다수의 청동기 시대 집터와 돌검 · 민무늬 토기 등 다양한 유물들이 출토됐다.[21]

2) 청도박물관

이서국(伊西國)은 신라의 전신인 사로국(斯盧國)과 음집벌국(音汁伐國), 실직국(悉直國), 압독국(押督國), 조문국(召文國), 감문국(甘文國), 사벌국(沙伐國), 우시산국(于尸山國), 거칠산국(居漆山國) 등과 함께 삼한 시기에 경상도 지역에 존재하였던 소국(小國)이다. 신라의 제3대 노례왕 때 건호 18년(42년)에 이서국을 쳐서 멸하였는데 이 해에 고구려 군사가 와서 침범하였다(建虎十八年伐伊西國滅之 是年高麗兵來侵)는 기록을 보아 42년에 사로국과 이서국의 전쟁에서 이서국이 패했다는 것을 알 수 있다.

하지만 제14대 유례왕 때(297년)에 이서국의 사람들이 신라를 공격했다. 신라에서는 군병을 동원하여 막으려고 했으나 장기간 대적할 수는 없었다. 그때 이상한 군사가 나타나 도와주었는데 모두 댓잎을 귀에 꽂고 있었다. 그리고 신라의 병사와 힘을 합쳐 적

---

21) 대경일보(http://www.dkilbo.com), 이형우 전, 영남대 교수.

을 멸하였다. 적의 잔병이 물러간 후에 그 이상한 병사는 어디로 갔는지 알 수가 없었다. 다만 대나무의 잎이 미추왕의 능 앞에 쌓여 있음을 보고 그제야 선왕이 음덕으로 도와주었음을 알았는데, 이로부터 이 능을 죽현능이라고 하였다.[22] 이는 이서국이 패하였지만, 유민들은 이서국의 재기를 꿈꾸었다가 신라와 한번 겨루었다는 증거가 된다. 아마 이즈음에 이서국은 사라졌을 것이고 지명으로 이서군으로 되었을 것이다. 『삼국유사』의 이서국조에는 정관 6년 임진년, 즉 신라의 선덕여왕 즉위년인 632년에 이서군 금오촌(今部村)의 영미사(零味寺)에서 운문사(雲門寺)에 납전(納田)을 하였는데, 금오촌은 지금의 청도군지(淸道郡地)이며 청도군은 고이서군(古伊西郡)이었다고 하였다.[23] 이로 보아 선덕여왕 대에 이르기까지는 이서군으로 존속하고 있었음을 알 수 있다.[24]

3) 성곡저수지

이상에서 청도와 이서국에 관계를 살펴보면서 이 지역의 특별한 지명에 대해 더 살펴보기로 하면 고철리이다. 군지에 따르면 용각

---

22) 未鄒王 竹葉軍 第十四儒理王代 伊西國人來攻金城 我大擧防禦 久不能抗 忽有異兵來助 皆珥竹葉 與我軍竝力擊賊破之 軍退後不知所歸 但見竹葉積於未鄒陵前 乃知先王陰隲有功 因呼竹現陵
23) 按雲門寺古傳諸寺納田記云 貞觀六年壬辰 伊西郡今部村零味寺納田 則今部村今淸道地 卽淸道郡 古伊西郡
24) 『삼국사기(三國史記)』『삼국유사(三國遺事)』『신증동국여지승람(新增東國輿地勝覽)』「이서국고(伊西國考)」(이형우, 『한국고대사연구』1, 1988)

산계 송정산의 성현(省峴)에서 분기된 줄기찬 산 고개가 칠곡 양원을 거쳐 둔직봉(屯直峰)이 되어 동네를 막고 있으나 이 봉의 중굴지(中屈地)에는 이서국의 왕성이 있었다 한다. 또 한 줄기는 자양산의 줄기가 내려와 한 송이 함박꽃처럼 피어난 곳에 마을이 형성되어 안태(案台)인 둔직구릉(屯直丘稜)으로 낮게 가리고 그 사이로 본군의 곡창지대인 이서 뜰이 펼쳐져 있어 이서국의 부족들이 거주하였다는 것은 알 수 있지만, 문헌이 전무하기 때문에 밝힐 자료가 없을 뿐이다. 라고 기록하고 있으나 이 고철리(古哲里)는 철과는 상관이 없는 옛 현인(賢人)이 살던 곳이라는 의미가 되고 현재의 풍각면과 각북면은 신라 시대의 상화촌현(上火村縣)으로 757년(경덕왕 16)에 유산현(幽山縣)으로 개칭 후 화왕군(火王郡)의 영현이 되었다가 고려 초의 군현제 개편 때 풍각현(豊角縣)으로 이름을 바꾸었으며,[25] 또 철전리(鐵田里)라는 지명이 지금도 남아있고 이곳에서 철 생산시설이 발견되기 때문에 철의 고장이었음을 말해 준다.

이로 보면 철기 문명이 이서국에서 시작하여 가야로 흘러갔다고 보기도 한다. 이밖에도 비파형 동검이 출토되고 고인돌이 있는 것으로 보아, 이서국은 고조선을 계승한 문화국가요[26] 제사장의 국

---

25) 풍각면은 신라때는 상화촌이었는데 경덕왕때 풍각현 또는 풍산현으로 현치가 되었고 조선조때는 밀양군에 속했다가 약 200년 전에 대구에 속해서 이동면, 현내면으로 분할되어 오다 1906년에 청도군으로 이속되었으며 1914년 위의 2개 면이 합하여 지금의 풍각면이 되었다. 각북면은 신라 때는 상화촌에 속했다가 경덕왕 시절에는 풍각현에 속하였으며 1884년(숙종 10년)에 대구부에 속하게 되었는데 1914년에 청도군에 편입되었다.
26) 경북일보 & kyongbuk.co.kr, 윤용섭, 2017년 03월 02일.

가였음을 알 수 있다. 그뿐 아니라 성곡저수지가 만들어졌는데 그 이름이 성곡(聖谷)이라고 불렀다. 옛 기록에는 성곡이라는 이름은 보이지 않는다. 1914년도 행정구역을 통폐합할 때 장기리(長基里)와 우곡리(牛谷里), 성재리(聖在里)를 합하고 평화롭고 성스러운 골짜기가 되라는 뜻에서 성곡리라고 이름을 붙였다고 한다.

  이로 보면 이곳에 우곡리(牛谷里), 성재리(聖在里)가 있었던 곳임을 알 수 있는데 성재리(聖在里)는 거룩한 것이 있었다는 의미로 여기가 소도(蘇塗)[27]였을 가능성이 높다고 본다. 청도하면 소싸움을 빼놓을 수가 없는데 이 지역에 우곡리(牛谷里)가 있었기 때문이리라. 사람들은 이곳 지형이 소가 누워있는 형상이라고 해서 우곡리라고 했다고 말하기는 하지만 성재리와 우곡리가 있다는 것은 연관 관계가 있음을 뜻하는 것이다. 곧 소도에는 하늘에 제사를 지낸 제사장들이 살았기에 성재(聖在)가 되고 이들이 소를 잡아 제사를 지냄으로 소를 키운 골이라고 해서 우곡(牛谷)이었을 것이다. 이로써 이 지역이 성곡(聖谷)이 되었다고 말할 수 있다. 이것을 증

---

27) 『후한서(後漢書)』, 『삼국지(三國志)』, 『진서(晉書)』, 『통전(通典)』 등에 이에 대한 기록이 전한다. 그 중 가장 자세한 기록인 『삼국지』 위서(魏書) 한전(韓傳)에서는 소도에 대해 다음과 같이 전하고 있다. "귀신을 믿으므로 국읍(國邑)에서는 각기 한 사람을 뽑아 천신에 대한 제사를 주관하게 하였는데, 이 사람을 천군(天君)이라 부른다. 또 이들 여러 나라에는 각각 별읍(別邑)이 있는데 이것을 소도(蘇塗)라 한다. 큰 나무를 세우고 거기에 방울과 북을 매달아 놓고 귀신을 섬긴다. 도망자가 그 속에 들어가면 모두 돌려보내지 않아 도둑질하기를 좋아한다. 그들이 소도를 세운 뜻은 마치 부도(浮屠)를 세운 것과 같으나 그 행해진 바의 선악은 달랐다." 출처: 한국민족문화대백과사전(소도(蘇塗)) 소도라는 말은 한자를 차용한 까닭에 소도라고 부르고 있으나 우리말은 '수두'라고 불렀다.

명하듯 군지에 따르면 "성곡(聖谷)산 성재(聖在)산 등이 뻗어 나가면서 비봉산, 귀산봉을 형성하면서 마을 뒤를 겹겹이 가리고 동, 서로만 골짜기가 열리고 있는 마을이 1리인 흑석(黑石)이다"라고 기록하고 있다 여기서 흑석(黑石)이라는 것은 고인돌을 말하는데 군지에 따르면 "마을 앞의 들판에 선사시대의 지석묘가 정연하게 줄지어 있는 것이 신기하게 여겨졌던 것 같다. 그래서 이 검은 바위의 색을 그대로 본떠서 검은 돌 즉 흑석(黑石)이라고 불렀다"한다.

소도(蘇塗)는 신단(神壇)의 의미인 '수두'나 높은 지대의 의미인 '솟터'에서 유래하였다고 한다. 성역으로서의 소도는 대마도(對馬島) 등에 일부 전하기는 하나 우리 민족의 현존 민속에서는 전하지 않으므로, 그것을 신간(神竿)으로 해석하였다. 소도란 '솟대' '솔대' '소줏대' 등에서 온 말로, 여기의 '소'는 '길게 또는 곧게 뻗은'이라는 의미이고, 대는 '간(竿)'이므로, 소도는 입간(立竿)이라 한다. 혹은 소도는 고간(高竿)의 몽고어 발음에서 유래하였다고도 한다. 그리하여 소도는 현재 우리 민족의 민속에 나타나는 세 종류의 장간(長竿)을 의미하는데, 첫째는 개인의 가정에서 경사나 기도를 드릴 때에 임시로 세우는 신간이요, 둘째는 마을의 동구에 건립하는 '솟대' '거릿대' '수살목(木)' 등이고, 셋째는 등과자(登科者)가 자기 문전이나 산소 또는 마을 입구에 세우는 화주(華柱)이다. 또한 이러한 의미의 소도는 만주의 신간이나 몽고의 오보(鄂博), 인도의 찰주(刹柱)나 인타라주(因陀羅柱)와 같은 성격을 가진다. 곧 소도는 종교적인 일정한 성역이며, 그 안에 긴 장대를 세웠고 그것을 중심으로 제의가 행해졌다. 한편 소도의 의례는 천군이 주재한 것으로 정설화되어 있지만, 소연맹국 안의 별읍이 소도여서 그곳에서는 지신(地神)이나 토템 신(totem神) 등 귀신이 숭배되었고, 천신을 제사하는 천군은 국읍에 있었다는 설도 있다.[28]

역사학적 연구에서 소도는, 특히 도망자를 잡아내지 못한다는 점에서 '철기문화가 성립시키고 있는 새로운 사회 질서에 대항하는 것'으로 파악되었다. 소도가 청동기시대적 산물이라면 그 정치적 지배권을 장악한 성읍국가(城邑國家)의 지배자들은 철기문화를 가지고 있었을 것이기 때문이다. 그러나 소도는 성읍국가 이전 단계인 군장사회(君長社會)에서 천군이 임무를 수행한 장소이며, 신전과 같은 위엄을 가지면서 당시 사회의 중심지가 되었고, 제사장으로서의 천군은 통치자와는 별도로 농경 의식과 종교 의례를 주관하였다. 그 뒤 천군에서 왕으로 사회가 발전하면서 종교적 입장의 소도는 정치적 중심지로 그 위치가 변하여 갔다. 한편 별읍이 바로 소도였다는 점을 중시하여, 소도는 소연맹국시대(小聯盟國時代)에 행해진 제의였던 것으로 보려는 견해도 있다. 소 연맹국의 지배자가 정치적 실권을 가지자 그 안에 들어온 다른 읍락이나 소국은 별읍을 이루고 있었으며, 종교적으로는 독립된 제의를 주관하고 있

---

28) [출처: 한국민족문화대백과사전(소도(蘇塗))]

성곡저수지

었다는 것이다. 한편 소도는 『삼국사기(三國史記)』나 『삼국유사(三國遺事)』에는 나오지 않고 한전(韓傳)에만 나오기 때문에 삼한 사회에만 존재했던 것으로 생각되었다. 그러나 성읍국가나 각 읍락이 받드는 시조 신앙이 소도 신앙으로 되면서, 국읍의 천신과 별읍의 지신으로 각각 신앙되다가, 연맹왕국이 확립되면서 천신과 여러 부족의 지신을 함께 묶어 제의를 행하는 제천 의례로 바뀌어 간 것이라고 본다면 소도 신앙은 연맹왕국이 확립되기 이전 사회에 보편적으로 존재한 것으로 파악될 수도 있다. 라고 정의하고 있듯이 소도에는 제사장들이 있었다. 그리고 이들이 소를 잡아 제사를 지냈기에 이곳을 성재리라고 불렀다. 또 오리 산은 신라 초기 시조 사당에 올리는 제사보다 더욱 중요시하였던 대사(大祀)를 지냈던 삼산(三山), 즉 내력(奈歷), 골화(骨火), 혈례(穴禮) 중 혈례 산에 해당된다. 도읍지인 경주의 낭산(狼山)과 더불어 영천, 청도의 삼산은 『삼국유사』의 김유신 조에 전하는 바와 같이 삼산의 여신이 고구려 첩자에 유인되어 가는 김유신을 구하는 등 사로국 당시부터 신라 호국의 성스러운 장소로 여겼던 곳이라 하겠다.[29] 이처럼 청도는 제사를 지냈던 지역이었음을 여러 문헌을 통해 알 수 있다.

4) 이서국왕궁터

경북일보(kyongbuk.co.kr,) 2012년 9월 26일 자 청도신문에 이석구 씨의 흥미진진한 역사 이야기에 청도를 이야기 하고 있다.

『삼한 시대에는 전국에 걸쳐 70여 개의 부족국가가 있었는데 그 중에 우리 청도에는 이서국이 있었고 경주에는 사로국이 있었습니다. 그때 실크로드의 상인은 주로 유대인이었는데 6일간 길을 가면서 장사를 하고 자신들이 구축한 디아스포라 마을에서 안식일 하루를 쉬어가는 여정이었습니다.

바다의 실크로드 거점인 김해에 이어 육로로 이어지는 청도, 경주에도 유대인 상인들이 중심이 돼 구축한 부족국가가 있었습니다. 그들은 청도를 동양의 이스라엘이라 하여 이서라 하였고, 경주는 평야가 좋아서 이스라엘의 샤론 평야를 연상하도록 사로라 이름 지었습니다. 바다의 실크로드는 일본까지 연결되었는데 일본의

---

29) 『삼국사기』 권 제2 「신라본기」

나라라는 옛 도시에는 지금도 실크로드와 관련된 유물들이 30만 점이나 있답니다.

어느 날 이서국 사람들이 김해를 다녀와서 소식을 전하였는데 이스라엘에서 온 토마스라는 사람은 왕국을 지을 수 있는 석공이며 낙동강 주변을 오르내리며 활동하고 있다는 것입니다. 그리하여 이서국에서도 토마스를 초청하였습니다. 토마스(도마)는 예수의 12사도 중 한 사람으로 인도에서 이미 군다포러스 왕궁을 지었고 돌 다루는 솜씨가 매우 특출하였다 합니다. 그는 예루살렘의 통곡의 벽이라는 성전 서쪽 벽처럼 견고하고 성을 쌓을 수 있었습니다. 토마스는 이서국에 와서도 성읍의 기초석을 쌓는 법을 가르쳐 주었습니다.

큰 돌을 옮기는 방법과 돌들을 빈틈없이 맞춰서 쌓아 올리는 방법이 감탄할 만하였습니다. 현재 청도읍성은 토마스가 쌓았던 기초석들은 볼 수 있으나 지금 남아있는 것들은 그 돌들을 옮겨오면서 세내로 맞추시 못하여 엉성하게 성벽이 남아있습니다.

1미터쯤 되는 자연석을 쌓으면서 돌 사이의 공간은 깬 돌로 맞추었습니다. 그런데 화강암을 원하는 대로 깨어 낸다는 것은 강한 쇠망치가 있어야 했습니다. 토마스는 쇠를 만드는 방법과 유통하는 길도 가르쳐 주었습니다. 그때 경남 합천군 야로면에는 붉을 불(赤火)이라는 제철소가 있었고 인근에 철광산도 있었습니다. 이렇다 보니 청도는 자연스레 창녕으로 가는 육로가 열리게 되었고 청도는 철기 문명이 활짝 열리게 되었습니다.

또한 토마스는 이서국의 유대인 디아스포라에 메시아 예수에 관한 복음을 전하였는데 그 소문이 사로국에 전해지면서 큰 오해를 불러일으키게 됩니다. '이서국이 성을 쌓고 철기를 생산하여 큰 전쟁을 일으킬 것이다.'란 소문이 퍼지자 경주의 일부 유대인들은 토마스가 정통유대인과 다른 종교(예수교)를 전한다고 하면서 군대를 동원하여 찾아왔습니다. 서기 42년 사로국에서 군사를 일으켜 쳐들어 왔을 때 토마스는 성을 급히 탈출하였고 이서국 사람들은 피난 갔으며 이서국의 왕은 항복하였습니다.』

삼국유사 유례 왕조에 보면 '이서국 사람들이 신라를 쳐들어와 미추왕의 죽엽군이 막았다고 나와 있고 가야 김수로왕과 탈해 족의 관계에서도 신라를 차지한 석씨가 유리왕을 앞세워 청도의 이

이서국 왕궁터

서국을 쳐서 일본으로 이주시켰다.'는 내용이 있다.[30]

한 편으로는 이서라는 말은 이스라엘에서 온 집단들이 사는 곳이라는 의미도 있다. 곧 이서라는 말이 이스라엘이라는 말에서 온 것이라는 견해이다.[31] 그래서 이 청도를 동양의 이스라엘이라고 부르기도 한다. 그렇다면 '어떻게 그 먼 나라 이스라엘 사람이 이곳에 왔다는 것일까?' 하는 의구심이 들 수밖에 없다. 그러나 이것은 그리 어렵지가 않다. 솔로몬 시대의 기록에 보면 아주 먼 나라에서부터 많은 물품이 왔다는 기록들을 본다. 금과 향료 같은 것들이 인도에서부터 왔다.

그런데 이들 물품을 거래하던 곳이 바로 말라카이다. 말레이반도 아래쪽에 속하는 말라카에는 고대로부터 이스라엘 상단이 있었고 거기에는 회당도 있었으니 얼마나 많은 이스라엘 사람이 그곳에 있었는가를 짐작게 한다. 이들은 먼 중국의 끝 지역 곧 일본 땅과 한빈도의 끝인 김해에서부터 물품을 받았으며 이렇게 모은 것들을 인도를 지나 이스라엘로 무역선을 운행하였다.

---

30) 2012년 9월 26일 청도신문.
31) 이서(伊西)의 한자음은 서쪽의 먼 나라라는 의미가 되고 발음으로는 '이쓰 또는 이스'가 되는데 경상도 발음은 '이서'로 된다.

5) 이서국과 도마

주 후 41년에 이곳에 도착한 도마가 이서국에 복음과 함께 오도산성을 건축하자 사로국의 사람들이 제사장의 나라 이서국에 이상한 사람이 와서 이상한 말을 하고 이서국 사람들이 그를 따르며 산성을 쌓는다는 말을 듣고는 이들을 징계하기 위하여 42년 사로국[32]이 이서국을 치게 되었다. 이 싸움에서 이서국이 패하였으나 그 후에도 이서국의 사람들이 남아 있었고 후일 서라벌을 공격하기도 하였다.

『삼국사기』 권 제2 「신라본기」에 "유례 이사금(儒禮尼師今) 14년인 297년에 금성을 공격하자 신라는 크게 군사를 모아 적을 막았으나 이들을 격파하지 못하였다. 그런데 갑자기 수를 알 수 없는 군사들이 머리에 대나무 잎을 꽂고 나타나 아군과 함께 적을 격파시켰으며 그들의 자취는 보이지 않고 다만 많은 대나무 잎이 죽장릉(竹長陵)[竹現陵, 미추왕릉]에 쌓여 있었고 나라 사람들은 선왕의 도움으로 적을 물리치게 되었다고 여기게 되었다."고 기록되었음을 보고 『삼국유사』의 이서국조[33]에는 노례왕 14년에 이서국

---

32) 사로라는 말은 히브리의 사르(sar, שׂר)를 표기한 것으로 왕(우두머리)의 의미이다. 사르는 서라와 같은 말이고 벌은 발 (bar, בר)에서 온 말로 땅, 들, 벌판의 의미이니 서라벌은 왕의 뜰, 왕의 땅, 왕의 나라가 된다. 후일 서벌, 쇠벌, 소벌 등으로 불려졌고 서울이라는 말도 여기서 기인한 듯하다.
33) 弩禮王十四年 伊西國人來攻金城 按雲門寺古傳諸寺納田記云 貞觀六年壬辰 伊西郡今郚村零味寺納田 則今郚村今淸道地 卽淸道郡 古伊西郡

사람이 와서 금성을 쳤다. 운문사에 예부터 전해 내려오는 '제사 납전기'를 상고해 보면 정관(貞觀) 6년 임진(壬辰),[34] 이서군 금오촌(今部村)의 영미사(零味寺)에서 납전(納田)을 하였는데, 금오촌은 지금의 청도군지(淸道郡地)이며 청도군은 고이서군(古伊西郡)이었다고 하였다. 이로 보아 이서국이 멸망한 지역에 선덕여왕 대에 이르기까지는 이서군으로 존속하고 있었음을 알 수 있다.

하지만 후일 도마의 영향력은 이들 지역 모두에게 퍼져나가 곳곳에 제련소가 만들어져서 철을 생산하게 되었다. 이는 삼국사기 지리지 신라 편에 보면 대구를 달구벌(達句火)이라고 불렀는데 철강석을 달구어서 철을 녹여내고 다시 쇠를 달구어 무기나 농기구를 만드는 곳이라는 달군다는 말에서 달구불이라 하였다. 이후 통일신라 시대 신문왕(681~692) 때는 통일신라의 수도를 서라벌에서 달구벌로 옮기려고도 한 적도 있으나 이루지 못하였으며 (689) 경덕왕(742~765) 때는 당나라의 문화가 경교(景敎)의 영향으로 한화(漢化)정책으로 지명을 한자어로 바꾸어서 대구(大丘)라 하였다가 조선 영조 때(1750) 大丘의 丘자가 공자의 丘자와 같으니 피해 달라는 상소가 있어서 이후로 현재 쓰고 있는 대구(大邱)로 바꾸었다.

지금의 화원은 오순절에 임한 성령의 불의 혀와 같은 것을 칭하여 혀불(舌禍)이라 하였으며, 경산 자인에는 신앙을 고백하는 종

---

34) 즉 신라의 선덕여왕 즉위년인 632년이다.

의 불 곧 노사화(奴斯火)라고 하였다. 해안에는 치성불(雉省火)이
라 하였고 진주[35]는 주님 은혜가 더하기를 소원하여 주님이 더하
신 불(加主火)이라 이름하여 예수님께서 내가 불을 땅에 던지러 왔
노니 이 불이 이미 붙었으면 내가 무엇을 원하리요.[36]하신 그 의미
를 더하여 주었다.

이처럼 도마의 영향을 받은 가락국과 사로국 등 당시의 주변국들
은 하나둘씩 복음을 받아들였으며 그곳에서 교회가 세워지고 성령
의 임재를 나타내는 이름을 붙였다. 후일 가야국과 사로국은 철을
생산하여 주변국에 팔아 국가에 큰 힘이 되었으며 강대국이 될 수
있었다. 도마는 경상도 지역을 순회하면서 복음을 전하고 돌을 다
듬고 산성을 쌓는 법과 철을 제련하는 법을 가르쳐 주면서 복음을
전하였다.

도마 연구가인 조국현 목사는 당시에 한반도에 78개의 소국이
있으며 이 국명들에 대해 해석을 하고 있는데 이서국(伊西國)을 이
스라엘로, 신라의 전신인 사로국(斯盧國)을 이스라엘의 샤론으로,
상주를 중심으로 한 사벌국(沙伐國)을 사울, 의성을 중심으로 한
소문국(召文國)을 솔로몬 등 이를 히브리어 사음(寫音)으로 보고
있으며 경산을 중심으로 한 압독국(押督國) 지금의 경주 부근에 있

---

35) 康州 神文王五年 唐垂拱元年 分居 타 州置菁州 景德王改名 今晋州 領縣二
    嘉壽縣 本加主火縣 景德王改名 今因之 屈村縣 今未詳. 조국현목사는 진주
    라고 했으나 사기에는 진주가 아니라 가주화는 현재 어딘지 모른다고 기록되
    어 있다.
36) 누가복음 12장 49절.

었던 것으로 추정되고 기록상 108년(파사이사금 29)에 다벌국(多伐國)·비지국(比只國)과 함께 경주 사로국(斯盧國)에 병합된 초팔국(草八國)을 기독교 국가로 봐야 한다고 하며 특히 압독국이 있던 경북 경산군 자인면 일언리에는 도마가 70명의 복음 사명자를 훈련한 장소라고 말하고 있다.[37]

---

[37] 1988년 이곳에 있는 인흥사(仁興寺)에서 어린양을 안고 있는 선한 목자 상과 기도하는 석상을 발견하였고 현재 영남대학교 박물관에 소장하고 있다.

제5부

도마사도 4길 경북 영주

5
도마사도 4길 경북 영주

　이번 편에서는 알이랑 순례길 중 도마 사도 4길 경북 영주에 대해 알아보고자 한다. 도마 사도가 솔로몬 시대부터 이용하던 바다 뱃길을 통해 인도에서 출발하여 말라카제도를 통해 대만과 중국 항주를 거쳐 전남 영암 구림 상대포를 통해 한반도 도착 후 잠시 쉬었다가 남해를 지나 김해 낙동강을 거쳐 숨겨진 디아스포라를 찾아온 곳이 이서국이며 마지막 땅끝으로 생각하고 배를 내린 곳이 경북 영주 소래포구이다. 소래포구는 낙동강 하류에서 소금을 싣고 영주까지 와서 머물렀기 때문에 이곳에 많은 상인이 몰려들었던 지역이 있으며 소래(蘇來)마을도 있다. 소래라는 말은 예수님이 오신 곳이라는 의미이다. 당시 예수를 야소(耶蘇)라고 불렀고 기독교를 야소교(耶蘇敎)라고 했다. 아직 확실한 것은 알 수 없지만, 지명을 보면 특별하여 연구할 만한 가치가 있다고 본다.

1) 읍내리 벽화고분

　영주시 순흥면 읍내리 산 29-1에 고구려 신라 무덤 군들이 퍼져 있다. 그 중에 벽화 고분이 발견된 사적 313호 고분은 특별한 의

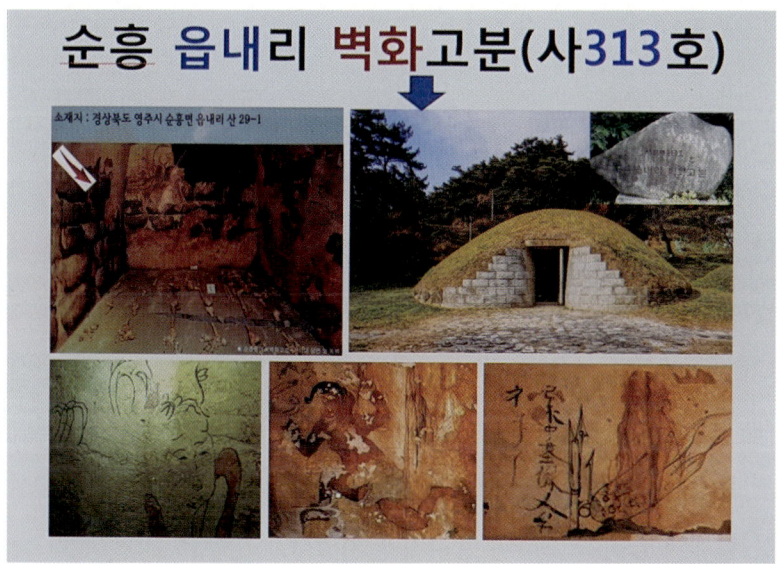

읍내리 벽화고분

미를 가진 고분이다.

 발견 당시 이 고분에는 4구의 시신이 있었다. 이 시신은 널을 쓰지 않고 시신이 놓인 자리를 높여서 침대 모양으로 하여 안치하였다. 이러한 모양은 가족 묘실로 이스라엘의 묘실 제도와 같은 형태이다. 이스라엘의 고분은 두 개의 시신을 안치할 수 있는 형태로 되어 있으며 문을 열게 되어 있는데 여기에 있는 석실도 그런 형태를 취하고 있음을 본다.

 입구에는 뱀을 잡아 들고 있는 장사의 모습이 있고 내부에는 손상되기는 하였지만 고인이 아름다운 곳에서 살라는 의미로 그린 아름다운 마을 그림으로 호수와 나무와 산이 그려져 있음을 볼 수 있다.

2) 도마석상(石象)

경북 영주시 평은면 강동1리에는 현재 목이 없는 석상이 있는데 강동리 마애불입상이라고 도(道)에서 만든 표지판이 세워져 있지만,[38] 이것이 예수의 열두 제자 중 사도 도마임을 주장하는 이들이 많다. 특히 1987년 8월 서울 관악고등학교 교사이며 역사 탐구에 열성을 가졌던 유우식 역사 선생에 의해서 발견되었고 당시 한신대 총장이셨던 이장식 박사 등 저명한 교수들과 함께 방문하여 살핀 뒤 이 글자는 히브리어로서 "타우와 멤"이며 도마라는 이 사실을 학계에 공식 보고하여 알려지게 되었다.

다시 도마의 이야기로 돌아가 보자. 도마는 말레이제도에 도착하여 디아스포라들에게 복음을 전하였다. 하나님이 그 독생자 예수 그리스도를 보내 십자가에서 대속의 죽으심을 통하여 우리의 죄를 속하게 하셨으니 옛날 지내던 제사가 아니라 단번에 드리신 바 된 어린양 되신 예수의 제사 지냄으로 이제 예수 그리스도를 통해 하나님께로 가는 길이 열렸음을 전하게 되었다. 그리고 도마는 땅끝에 사는 이스라엘 사람들에게도 복음을 전하고자 상단과 더불어 영암, 남해를 지나 김해, 청도 이서국에 오게 되었다. 그는 이곳에서 북쪽 지역 물길이 시작되는 곳까지 배로 올라가서 복음을 전하게 되었고 청동(靑銅)만을 알고 있던 이들에게 철을 제련하는 법을

---

[38] 경북 영주시 평은면 강동리 산87-3 경북문화재자료 제474호 영주 평은면 강동리 마애보살입상으로 영주시에서 관리하고 있다.

영주의 도마 석상과 글자

도마상 옆에 쓰인 타우 맵 글자

알려 주려고 하였으나 사람들은 도마의 말을 믿으려고 하지 않았다. 도마는 철의 강함을 보여주기 위해 경북 영주시 평은면 강동1리에 자신의 석상을 만들어 세웠다.[39] 현재 여기에는 목이 없는 도마 상이 있는데 강동리 마애불입상이라고 도(道)에서 만든 표지판이 세워져 있지만,[40] 이것이 예수의 열두 제자 중 사도 도마임에 틀림이 없다. 그 이유는 이 석상 오른편에 히브리어인 타우, 멤 그리고 기도하는 손과 사람을 상형 문자화한 글이 새겨져 있기 때문이다.

이 석상이 발견된 것은 1987년 8월의 일이다. 서울 관악고등학교 교사이며 역사 탐구에 열성을 가졌던 유우식 역사 선생님은 여름방학 중 영주지역의 고분을 탐사하다가 도마 석상이 있으니 가 보라는 제보를 받고 찾아가 당시 수풀과 잡목이 덮여 형체를 알아 보기 힘든 절벽 바위의 이 석상을 발견하였다.[41] 발견 당시 이 석상엔 제사나 기도를 드린 적이 없어 전국 각지에 퍼져있는 분처(分處) 상들과는 전혀 다름을 알게 되었다고 한다. 그리고 석상의 위쪽에 있는 이상한 글자 모양의 것을 보고 이장식 박사 등 저명한 교수들과 함께 방문하여 살핀 뒤 이장식 박사는 이 글자의 해독을

---

39) 도마는 영주에 배로 와서 더 갈 수 없음을 알고 이곳이 땅끝이라고 생각하였을 것이다. 도마는 예수님이 땅끝까지 가라는 말씀을 생각하고 땅끝인 이곳에 왔음을 기념하기 위해 세웠을 것이다. 혹 후대의 것이라 한다면 도마를 기념하여 땅끝에 세웠다고 본다.(머리가 없어서 알 수 없지만 도마가 세웠다면 예수님일 수도 있다.)

40) 경북 영주시 평은면 강동리 산87-3 경북문화재자료 제474호 영주 평은면 강동리 마애보살입상으로 영주시에서 관리하고 있다.

41) 이 석상은 경상북도 문화재자료 제474호 '영주 평은면 강동리 마애보살입상 (2005년 1월 10일 지정)'의 문화재로 지정되었다.

위해 영국 멘체스터 대학에서 1년간, 미국 예일대에서 1년간 교환 교수로 갔다 돌아와서 [아시아 고대 기독교회사]란 책을 내고 이 글자는 히브리어로서 "타우와 멤"이며 도마라는 이 사실을 학계에 공식 보고하였다. 이장식 박사의 주장은 아래와 같다.

한반도 남단에 A.D. 42년에 건국된 가야국이 약 500년 후에 신라와 통일이 되었는데 가야국에 사도 도마가 선교하러 온 것으로 보이는 유력한 사적(史跡)들이 있다. 그것은 1987년 8월에 「도마 석상」이라고 불리는 높이 4.87m, 폭 3.3m가 되는 큰 자연석 바위가 발견되었기 때문이다. 이 바위는 경북 영주군 왕류리에 있다. 이 석상의 머리 부분은 떨어져 없어졌고 어깨의 너비는 1.5m이다. 이 석상은 예술적으로 조각된 것이 아닌 자연석 그대로의 큰 바위인데 소매가 있고 발목까지 오는 긴 가운을 입고 있고 신발은 더운 지방에서 신는 샌들이고 발가락만 보인다. 그리고 양손을 포개서 가슴에 대고 있고 한 손에는 작은 줄기가 있는 꽃가지를 들고 있는데 손바닥이 보이게 조각되어 있다. 이 석상은 솜씨 있는 석공에 의해 예술적으로 섬세하게 조각된 것이 아니며, 입고 있는 가운은 불교의 의상이 아니다.

이 석상이 도마의 석상이라고 생각할 수 있는 결정적인 흔적은 이 석상 우편에 붙어 있는 같은 높이의 돌에 깊이 파인 음각(陰刻)의 히브리어 자음(字音) 글자 두 개인데, 오른쪽의 타우(ת)와 왼쪽의 멤(ם)이다. 이 두 자음에 모음을 붙여 읽으면 "토마"가 된다.

이 두 글자는 돌에 깊이 파여서 조금도 마모되지 않은 상태로 남아 있다. 그리고 그 왼쪽에는 의미가 분명치 않은 두 개의 음각이 있는데 그것들도 온전하게 남아 있다.

 이 두 글자는 중동의 어느 나라나 인도의 글자와도 판이한 히브리어 글자이다. 그리고 이 석상 왼편 아랫부분에는 이 석상을 만든 사람의 이름인 듯한 한자 두 개가 음각이 아닌 방법으로 파인 것이 있는데 온전한 한자가 아닌 두 글자이다. 이 석상을 만든 사람이 아마도 한문을 잘 모르는 사람이었다고 생각된다. 아무튼 도마석상은 오늘날 근처에 있는 불교의 석상과는 다르게 예술미가 아주 없는 소박한 것이고, 이 석상이 조각된 가야시대는 아직 불교가 전래되기 이전이었다. 이 도마석상이 조각된 연대를 알 수 없지만, 이 석상은 불교적인 조각품이 아니며 히브리 문자가 신라시대 이후로 한반도의 어느 왕조의 문헌에도 소개된 바가 없고 다른 어느 곳에도 히브리 문자가 나타난 곳이 없이 오직 이 석상에서만 발견되기 때문에, 이 석상은 가야시대의 것이라고 감히 단정할 수 있다.

 2013년 '영주 시민신문 인터넷판'에서 향토사학자 박세우 씨는 이 석상에 관한 "고려 초에 유행했던 거석 마애불 계열의 불상으로 보이나 일부의 조각기법은 불상에서는 잘 보이지 않는 독특한 조각기법도 보인다."고 했다.

 경북전문대 박창규 교수는 "손 모양이 독특해 보인다. 왼손은 엄지와 검지를 맞대어 가슴 위에 올려놓고 있고, 오른손은 엄지와

중지를 맞대고 가슴 위에서 손바닥이 밖을 향하는 자세를 하고 있다."며 "이는 불상의 수인(手印)에서는 그 유형을 찾아볼 수 없고 발가락의 노출 또한 특이한 점을 보인다."고 했다. 인근 주민들의 전언도 기독교 상이라는데 무게를 두고 있다.

이 상을 지켜봐 온 주민들은 "종래 이 상 앞에서만큼은 불상 숭배 같은 행위는 전혀 보지 못했다"고 증언한다. 이 지역 민속신앙의 경우 불상이나 큰 바위 같은 대상물만 있으면 예외 없이 불공을 드리거나 기복(祈福)하는 모습을 볼 수 있는데 전래 관행에 비춰보면 의외라 하지 않을 수 없다.[42]

석상을 자세히 보면 하단에 샌달을 신고 있는 듯 열 발가락이 보이도록 조각되어 있는데 이런 모습은 다른 일반적인 부처상에서는 찾아볼 수 없으며 그가 서 있는 좌대가 선명하지는 않지만 마치 거북등의 모양처럼 조각되어 있어 거북이를 타고 있는 것이 아닌가 하는 생각도 든다. 곧 좌대가 연꽃의 좌대가 아니라는 말이다. 그리고 손에 들고 있는 것은 장미꽃으로 보인다. 보편적으로 연꽃을 들고 있는 것과는 판이한 모습이다. 이외에도 고리형의 목걸이 문양과 상의의 가로줄 문양 등을 보고 동서양 문화교류사를 연구한 분들은 이 문양들은 1908년 중국 돈황(敦煌)에서 발견된 경교 화상과 매우 흡사하다고 말한다.

대만에서 국학과를 졸업하고 대구의 화교 초등학교장을 지낸 성

---

42) 영주 시민신문 [448호], 2013.11.28판.

창 장릉운 선생에게서 서예를 7년간 사사받고 한국, 중국, 일본에 있었던 시전지 만들기의 유일한 기능보유자인 조국현 박사는 일본에서 만들어진 서도 대사전[43]을 통해 이 글씨체는 왕희지 이후에 나온 해서체가 아니라 중국 한 나라(B.C. 202~A.D. 220) 때 쓰였던 예서체라고 하고 이 글씨는 지전행(地全行)이라고 확인하였다.[44]

그리고 고대 히브리어는 모음이 없고 자음으로만 기록한다. 후대에 기록되었다면 자음과 모음이 새겨져 있었을 것이나 여기에는 자음인 타우와 멤이라는 글자만 새겨져 있어 후대의 것이 아님이 증명된다. 이들 글자를 자세히 살펴보면 놀라운 것들을 볼 수 있다. 조국현 박사는 이를 도마는 기도하는 사람이라고 해석을 하였지만 세 번째 글자는 포개진 손에 두 눈이 있음을 보아 도마의 손과 눈이라고 할 수 있겠다. 곧 요 20:25의 말씀을 보면 "다른 제자들이 그에게 이르되 우리가 주를 보았노라 하니 도마가 이르되 내가 그의 손의 못 자국을 보며 내 손가락을 그 못 자국에 넣으며 내 손을 그 옆구리에 넣어 보지 않고는 믿지 아니하겠노라 하니라."라고 말하는 도마를 본다. 이 말씀대로 이 세 번째의 모양이 도마의 말과 같이 그의 손과 눈을 형상화한 것이라고 볼 수 있다. 네 번째 글자는 사람의 형상을 하고 있는데 특이하게 오른쪽 손으로

---

43) 1986년 미술문화원에서 재판 발행한 번역서판.
44) 국제경교연구회 대표회장이신 이경운박사는 전행일(筌行一)이라고 읽고 전행이라는 분이 새겼다 라는 의미로 보았다.

돈황에서 발견된 성직자의 모습

옆구리를 가리키고 있다. 이는 요한복음 20장 27절을 방불케 한다.

"도마에게 이르시되네 손가락을 이리 내밀어 내 손을 보고 네 손을 내밀어 내 옆구리에 넣어 보라 그리하여 믿음 없는 자가 되지 말고 믿는 자가 되라."

곧 앞의 두 글자는 타우와 멤으로 토마를 말하고 있고, 세 번째는 도마의 기도하는 눈을 나타내고 있고, 네 번째는 예수님이 당신의 옆구리를 가리키고 있는 그림을 형상화한 것이라고 볼 수 있다는 말이다. 이것에 합당한 그림은 17세기 이탈리아 화가 미켈란젤로 메리시 다 카라바조(1571~1610)의 그림을 보는 듯하다.[45] 이

---

45) 성경 요한복음에 나오는 사도 도마의 이야기를 그림으로 옮긴 것이다.

17세기 이탈리아 화가 미켈란젤로 메리시 다 카라바조(1571~1610)의 도마

석상이 세워진 곳은 지금은 외진 곳이지만 100년 전만 해도 낙동 상의 소금 배가 오르내리는 예천군 상락에서 봉화를 잇는 길목에 있는 곳으로 김해만으로 들어온 배들은 낙동강 하류에서부터 이곳까지 올라올 수 있었을 것이다. 도마가 이곳에서 석상에 히브리어로 쓴 것은 당시의 사람 중에 히브리어를 아는 사람이 있었을 수도 있었을지 모른다. 이에 대해서는 뒷부분에서 좀 더 확인해 보려고 한다. 이를 본 사람들은 도마가 그 단단한 돌을 마치 나무를 다루듯 하는 도마의 솜씨에 감탄하고 그 말을 믿고 채석하는 법과 철을 제조하는 법을 익히기 시작하면서 복음을 받아드리기 시작하였으

며 이서국은 특히 상단(商團)이 많았고 유일신을 섬기는 제사장들이었기에 도마의 말에 귀를 기울였을 것이다.

　허황후는 인도를 출발하여 도마가 조언한 대로 솔로몬 시절에 만들어진 해상 실크로드를 이용하여 말라카제도를 지나 대만을 경유 항주에서 잠시 휴식을 취하고 영암 상대포를 통해 한반도에 도착하였을 것이다. 그 후 허황후 일행은 남해를 경유 김해에 도착하였을 것이다. 우리는 알이랑 순례길을 좀 더 편리하게 알리기 위해 허황후의 발자취를 찾아 도마길과 별도로 알이랑 순례길 황후 길을 소개하고자 한다.

소래 마을 : 소래라는 말은 예수가 오셨다는 말이다. 이곳에 도마가 제일 먼저 온 곳이 아닐까?

제6부

허황후1길 경남 김해

6
허황후1길 경남 김해

허황후 1길을 경남 김해를 중심으로 설명하고자 한다.

1) 허황후 능

허황후 능의 정문 쪽을 바라보면 산줄기가 흘러 내려온 것을 알 수 있다. 그 오른쪽 산은 거북이의 몸에 해당하고 왼쪽 산봉우리는 거북이의 머리로 구지봉이라고 부른다. 허황후 능은 몸통의 끝부분 곧 목이 시작하는 부분에 있는데 목에 해당하는 곳을 일본강점

허황후능

기 때 절단하여 도로를 만들어 놓았다. 후일 김해에서 이를 복원하려고 했지만 할 수가 없어 도로 위를 덮어 터널을 만들어 이어 놓았다. 왕릉의 정문을 보면 정문 앞에 홍살문이라고 말하는 붉은 색의 두 기둥 문을 볼 수 있다. 이는 출애굽 때 문 좌우 설주에 피를 바른 것처럼 만든 것으로 사악한 것이 이곳에 들어오지 못하도록 만든 것이다. 문은 세 개로 되어 있고 가운데 문은 언제나 닫혀 있는데 이 문은 신이나 왕만이 들어갈 수 있는 문이라고 한다. 문 안으로 들어가면 정면에 허황후 능이 보인다.

오른편에 기념 식수들이 있는데 가락 종친회에서 심은 것과 인도의 자매시에서 심은 나무 그리고 허황후의 자손들이 와서 심은 기념 식수들이다.

2) 파사각

파사각

파사석

  홍살문을 지나 정문을 지나면 오른쪽에 파사 각이라는 비각이 있는데 이 파사 각 안에는 석탑(婆娑石塔)이 있는데 실상은 탑이 아니라 돌을 쌓아 놓은 것으로 허황후가 배를 타고 오다 풍랑을 만나 항해가 어려워지자 배를 무겁게하기 위해서 싣고 온 돌이다. 그런데 삼국유사를 쓴 일연이 이 돌을 쌓아 놓고 파사 석탑이라고 불러서 지금까지 사람들이 탑이라고 부르고 있고 불교의 상징처럼 여기고 있으나 실상은 탑이 아니라 돌을 쌓아 놓은 것이다. 돌들이 작은 것도 있고 큰 것도 있는데 이는 탑을 만들기 위해서 그리 한 것이 아니고 사람들이 돌을 쪼개서 가져갔기 때문이라고 한다. 당시에는 김해 앞에까지 바닷물이 들어왔기에 이 지역의 사람들은 어업으로 생활하였다. 많은 사람이 고기잡이를 하려고 바다에 나갔다가 풍랑이나 해일로 죽었으므로 어려움을 많이 겪은 사람들이 풍랑을 이기고 먼 항해를 하고 온 배를 보고 이 돌에 영험이 있다고 생각하여 돌을 깨어서 자신들이 배를 타고 나갈 때 가지고 갔다고 한다. 그러고 보면 여기에 있는 돌들을 깨어 가지고 가고 남은 것들을 모아 놓은 것이라고 할 수 있다. 이 돌은 우리나라에서 나오지 않는 돌로 인도에서 가지고 온 것은 확실하지만 탑은 아니라는 점이다. 만일 이 돌이 탑이고 이 탑의 영험으로 항해를 무사히 한 것이라고 한다면 사공들이 돌아갈 때도 싣고 가야만 했다. 그러나 그리하지 않은 것은 이 돌이 탑이 아니라는 증거이다. 수로왕은 허황후를 싣고 온 사공들에게 쌀을 선물로 주었다. 이로써 배가 무거워지므로 이 돌이 필요하지 않게 된 것이다. 탑의 영험으로 배가 무사히 온 것이라면 아무리 배가 무거워도 이 탑은 실었어야 했다.

파사 각이라는 이름 속에 파사라는 말은 기독교라는 의미이다. 성경에 나오는 바사 또는 파사와 같은 말로 이는 페르시아를 칭하는 말로 기독교가 페르시아에 왔기 때문이다. 중국에 교회가 들러올 때 페르시아에서 알로펜 선교사가 20명의 선교사를 데리고 와서 기독교를 전파했는데 이때 기독교를 파사(婆娑)교라고 불렀고 성경을 파사경이라고 불렀으며 교회를 파사사(婆娑寺)라고 불렀다. 그러므로 파사라는 말 자체가 기독교라는 의미이고 불교와는 관련이 없다.

구지봉 차밭길

3) 구지봉

파사 각에서 계단을 오르면 허황후 능이 보이며 비석에는 보주 태후 수로왕비 능이라고 쓰여 있다. 허황후의 본이름은 허황옥이다.

허황후 능에서 왼쪽 길로 가면 구지봉이 나오는데 가는 길 좌우에 푸른 나무들이 심겨져 있다. 이는 녹차로 허황후가 가지고 온 것을 기념하기 위해 이곳에 심은 것이다.[46] 이 차를 허황후가 가

---

46) 이능화의 대표적인 한국 불교사 연구서인 〈조선불교통사〉(朝鮮佛敎通史)에 가야차 전래에 대해 '김해의 백월산에는 죽로차가 있다. 세상에서는 수로왕인 허씨가 인도에서 가져온 차씨라고 전한다'(金海白月山有竹露茶 世傳首露王妃許氏 自印度持來之茶種)고 기록하고 있으며 한국 차 문화 협회에서는 가락국 수로왕비 '허황후가 인도 아유타국에서 가야에 시집올 때, 옥함에 차 씨를 넣어 와서 명월산(明月山)에 차 씨를 심게 했으며 차 재배 전담을 두고 차를 궁중에 바쳤으며 이 차는 고구려, 백제, 신라는 물론 왜까지 알려져 왜가 차

지고 와서 김해의 명월 산에 심었다는 기록이 있다. 이처럼 왕후는 가지고 온 녹차를 김해와 하동에 심어 가꾸게 하였다. 그러나 이렇게 심겨진 차가 오랜 세월 동안 잊혀져서 그 차나무가 어디에 있는지 아무도 알지 못하였다. 김해시에서 문헌을 가지고 차 나무를 찾다가 우장춘 박사가 관리하던 200년 된 차나무를 발견하고 분석해 본 결과 이 차는 인도의 아셈(Assam) 지역은 물론 다즐링(Darjeeling) 그리고 인도 남부의 니기리(Nilgiri)에서 나오는 것임이 밝혀져서 이 차가 허황후가 가지고 온 것들의 후손이라고 판단하였다.

 허황후는 차를 재배하여 차를 즐겨 마셨고 어른을 섬기고 접대하는 일에도 차를 대접하였으며 조상을 섬기는 일에도 차를 사용하였으므로 차례(茶禮)라는 말이 나오게 되었다. 그리고 시집을 가는 딸에게도 차 씨를 주어 차를 마시게 했다. 더욱 귀한 것은 성찬식을 할 때 포도주 대신 차를 사용했다는 점이다. 당시에 포도가 없으므로 차를 가지고 성찬식을 행하였다. 포도주 대신 차를 성찬식으로 쓰게 된 데에는 차의 성질 때문이기도 하다. 차나무는 옮겨 심으면 죽는 성질을 가지고 있다. 차나무는 난 곳에서 자라 일생을 그 자리에서 살다가 죽는다. 또 찻잎도 진 녹색으로 추운 겨울이 와도 잎이 변하는 일이 없어 단풍이 들거나 낙엽이 되지 않는다.

씨를 구해 갔다.'고 주장하고 있습니다. 인도 아유타국—갠지스 강의 상류인 사라유 강의 왼쪽 언덕에 있는 지금의 아요디아(Ayodhya)는 오래전부터 차 문화가 발달하여 있습니다.

그리고 꽃은 흰 백색이다. 이런 차의 성질이 변함없으시고 처음이요 나중이시며 거룩하신 예수님의 모습 같아서 그리 한 것이기도 하다. 또 차에는 5가지의 맛이 있어 그 맛이 어우러져 맛이 나고 씨가 많이 맺히니 많은 자손으로 번성하라는 의미가 담겨있어 아브라함의 축복을 받으라는 의미가 되기도 합니다. 이 차는 후일 불교로 들어가 불교가 다도(茶道)를 자신의 것이라고 가르치고 있으나 실상은 기독교에서 성찬식을 통해 이루어진 것이고 이 차가 일본에 전해져서 일본에서도 성찬식 때 사용하였고 기독교 박해로 인하여 성찬식을 못 하게 되자 일본식 다도가 만들어졌는데, 그 과정을 보면 성찬식을 하는 것과 같다는 것을 알 수 있다.

4) 구지봉 고인돌

이 돌이 있다는 것은 고대로부터 이곳이 성스러운 곳이라는 의미이다. 고대인들에서 하늘에 제사를 지냈기 때문이다. 이 위에 쓰인 글자는 구지봉석(龜旨峯石)이라고 쓰여있는데 이 글씨는 조선의 한석봉 선생이 쓴 글씨라고 전해져 온다.

여기 광장은 구지봉의 중심 광장으로 가야 시대에 이곳이 초대 교회터며 왕국이 시작된 곳이기도 하다. 이곳에 비가 세워져 있는데 '대가락국태조탄강지지' 라고 쓰여져 있다. 가락국의 태조가 태어난 곳이라는 의미로 삼국유사의 기록을 가지고 명명한 것이다. 그

구지봉 고인돌

러나 실은 이곳에서 김수로가 거듭나고 새로워진 곳이란 의미이다.

5) 영대왕가비와 대가락국태조탄강지지비

　가야의 백성들이 구지봉에 와서 울며 부르짖은 기도가 세상이 알려진 구지가(龜旨歌)인데 사실은 영대왕가(迎大王歌) 곧 대왕이신 하나님을 모시는 노래이다. 도마가 이서국에서 복음을 전한 일로 그 곁에 있던 사로국의 침입을 받게 되었다. 갑자기 당한 일이기에 이서국이 전쟁에서 패하게 되자 왕은 두 아들을 멀리 피난가도록

99

하였다. 그래서 큰 아들은 고령으로 갔고 작은 아들은 김해의 도마에게로 보내어 졌다. 둘째 아들은 도마를 보고 대성통곡을 하면서 울며 부르짖자 도마는 그들을 가엾시 여겨 그들에게 기도를 해주니 성령의 강한 역사가 일어나 그 부르짖음이 찬송으로 변하였다. 이들은 하나님의 은혜에 감격하여 그들이 가지고 온 금덩어리 6개를 하나님께 바쳤다. 이 소문은 온 마을에 퍼졌고 아침이 되자 이 청년들을 보기 위해 사람들이 몰려들기 시작하여 곧 수백 명이 모였고 이 청년들과 같이 영 대왕 가를 부르면서 춤을 추자 도마는 그곳에 교회를 세우도록 하였다. 사람들은 모여서 땅을 파면서 노래하고 도마는 이 청년들을 불러 세례식을 거행하였다. 이날이 3월 3일이다. 세례(침례)를 받은 그들에게 이름을 붙여 주었는데 둘째 왕자에게 김수로

대가락국태조탄강지지비

영대왕가비

(金首露)라는 이름을 주었다. 이 말은 머리 수(首)자와 이슬 로(露)자로 처음으로 하늘에 은혜를 입은 자라는 의미이며 또는 수릉(首陵)이라고도 불렸는데 이는 히브리어로 사르(שׂר)에서 온 말로 왕이라는 의미이다. 그리고 이날을 계욕 일이라고 정하고 사람들은 이날을 기념하여 삼월삼짇날이라 부르며 강가에 모여 머리를 감고 화전을 구워 먹고 모여 춤을 추며 하나님께 감사를 드리는 날로 만들어 지켰다. 후일 사람들은 이날 제비가 강남에서 기쁜 소식을 가지고 온 날이라고 하며 세례(침례)를 기념하여 머리를 감고 기뻐하는 날로 삼았으니 이는 도마가 강남에서 복음을 가지고 온 날이며 세례를 받은 날이라는 의미이다.

101

3월 15일이 되자 도마는 기름을 부어 김수로를 왕으로 세우고 나라의 이름을 가야(伽耶)라고 명하였다. 이 말은 인도의 드라비다어로 물고기를 나타내는 말이고 히브리어로는 고이(גוי) "백성, 나라"라는 의미이기도 하다. 이로써 가야가 세워지고 김수로는 초대 왕이 되었다.

백성들은 모여서 부른 노래를 구지가(龜旨歌)라고 하여 "거북아 거북아 머리를 내 밀어라. 만약 머리를 내밀지 않으면 불에 구워 먹으리라"라고 번역했는데 실은 구지가가 아니고 영대왕가(迎大王歌)이다. 그런데 이 노래를 구자 가라고 명한 것은 일본인이었고 번역도 일본인에 의해서 번역된 것이다. 이 노래는 우리의 언어를 한자로 기록한 이두문이다. 그러므로 이 문장을 한문식으로 해석하면 전혀 다른 의미가 되는데 일본인은 한문식으로 해석해서 노래 제목과 맞지 않으므로 구지가라고 명해 놓은 것이다. 우리의 말로 번역하면 "구합니다. 구합니다. 머리가 되시는 하나님 오시옵소서 만약 오시지 않는다면 적들이 번쩍이는 칼과 불로 우리를 다 죽게 할 것입니다."하는 기도 찬양 시이다.

6) 수로왕릉

수로왕릉 옛 궁궐터이며 왕릉이 있는 곳으로 가야국의 시조이며 초대 왕인 김수로왕의 왕릉이다. 이 역시 홍살문이 있고 그 안으로 들어가면 문이 세 개가 있다. 안으로 들어가면 왼쪽에는 비석이 3개가 있는데 여기에 태양 문양이 있다. 이는 태양신의 문양으로 이스라엘에서 시작된 문양이다. 그리고 무궁화 문양도 함께 있다. 샤

김수로왕릉(김해)

홍살문

론의 꽃인 무궁화는 예수 그리스도를 상징한다..

　왕릉의 정문에 가서 안을 보면 안쪽에 호랑이, 양, 말이 있는데 본래는 호랑이가 아니라 사자였던 것을 호랑이로 바꾼 것으로 본다. 다음은 양이고 양은 어린양 예수님을 상징하며 말은 기마민족임을 나타내는 것이다. 그러므로 김수로는 사자인 유다족이고 믿는 자이며 기마민족이라는 의미가 된다.

　정문의 위를 바라보면 오병이어의 문양을 볼 수 있는데 현재 달린 판은 변경된 판이다. 현재의 판을 보면 물속에 두 마리의 물고기가 있고 가운데 탑이 있는데 이는 물고기가 탑을 지키고 있다는 의미로 만든 불교식 문양이다. 곧 물고기를 수호신으로 상징한 것이다. 그 위쪽은 어떤 문양인지 정체를 알 수 없게 되어 있는데 본래의 문양을 보면 위의 문양이 얼굴 모양인 것을 알 수 있다. 옛날

오병이어 이전, 현재 그림 비교

의 문양을 보면 붉을 불 꽃이 가득한 것을 볼 수 있다. 이는 피를 상징하기도 하고 성령의 불꽃을 나타내기도 하며 위쪽을 보면 눈이 있고 코가 있어 얼굴임을 알 수 있다. 그리고 탑의 자리는 탑이 아니라 떡 세 개와 두 개 그리고 컵을 올려놓은 그림이었다. 그러므로 이 그림은 오병이어를 나타낸 그림이며 물고기는 갈릴리의 오병이어 교회의 물고기임을 알 수 있다. 이 문양은 수로왕의 문양으로 수로왕이 크리스천이었음을 나타내는 증거가 된다. 하지만 지금 이 그림을 불교화시켜 버렸다.

왕릉 앞쪽에 한 채의 집이 있는데 이 안에는 수로왕과 허황후의

김수로왕과 허황후

영정이 있는 곳이다. 수로왕은 12남매를 가졌으며 첫아들은 왕이 되고 둘째와 셋째는 허씨 성을 받아 김해 허씨가 되었다. 그리고 두 딸 중 한 명은 신라로 시집을 가고 다른 하나는 일본으로 갔다고 한다. 7명의 아들에 대해서 불교 측에서는 말하기는 장유화상이라는 황후의 오빠가 와서 하동의 칠불사로 데리고 들어가서 성불을 시켰다고 하는데 허황후가 아들이 보고 싶어도 도를 닦는 데 방해가 된다고 하여 보지 못하게 하였고 성불이 되어 하늘로 올라가는 모습을 칠불사 연못을 통해 보라고 했다고 전해지고 있다.

그러나 아이러니하게도 한반도에 불교가 들어온 것은 공식적으로 4세기 고구려를 통해서이다. 그런데 3세기 앞선 1세기에 불교가 가야를 통해서 왔다면 우리의 역사와 불교사는 다시 써야 한다. 하지만 2016년경 열린 불교계와 기독교계 간의 가야사 관련 학술대회 이후 불교계는 372년 불교 한반도 도래설을 존중하는 입장이다.

7) 국립김해박물관

김해의 국립 박물관은 가야박물관으로 경상도 일대의 가야 유물들을 다 모아 놓은 곳이라서 가야를 볼 수 있다. 잘 정돈된 박물관에는 고대로부터 가야의 멸망 시기까지의 유물이 정리되어 있다. 둘러보면 가야의 찻잔을 많이 보게 될 것이며 불교 유물이 하나도 없다는 것을 확인할 수 있게 될 것이다. 이로써 가야는 불교국이 아니라는 것이 증명된다. 가야 유물들의 파편 속에서 문양이나 글자들이 발견되었는데 염동옥 교수[47]는 이를 고대 히브리어 글자라고 확인을 해주었다. 김해박물관에서 눈여겨 볼 것은 3가지가 있다. 제일 먼저 가야의 배 모양이다. 가야의 배 모양은 배아래 파도를 타고 넘기 위한 독특한 모양을 하고 있어 이것이 근해에서 사용하는 배가 아니라 먼바다를 건너 무역을 하기 위한 배임을 알 수 있다.

다음으로 철기병이다. 가야는 이미 1세기에 강력한 철기병을 보유하고 있었다. 철기병을 가진다는 것은 강력한 군사력도 상징하지만 철을 자유자재로 다룰 수 있는 재련, 제강기술을 가지고 있었음을 나타낸다. 가야가 철을 신라 백제뿐만이 아니라 중국과 일본에 수출했다는 것은 1세기에 가야에 의해서 강력한 철기문화가 한반도에 도래했으며, 이러한 철기문화의 한반도 도래는 멸망한 신나라 왕족 왕망과 김당의 후손과 무관하지 않으며, 목수인 도마의 한반도 도래와 관련이 클 것으로 생각된다. 이러한 관점에서 보면 가야의 성립은 한반도 디아스포라의 한 형태이다. B.C. 206년 동이족 국가인 진나라 멸망 이후 항우를 이긴 유방의 한나라가 세워진다. 그러나 B.C. 199년 만리장성 이북 실크로드의 주도권을 놓고 목돌선우와 전쟁을 했으나 처참한 참패 이후 한나라는 북방유목민들에게 진상과 수탈의 치욕을 당한다. B.C.144 무재가 북방유목민을 제압하고 그동안의 치욕을 갚기 위해 약탈이 가중되자 한나라의

---

47) 염동옥, "한국과 이스라엘 역사의 비밀"

가야 다구 및 도자기

폭제를 피해 많은 디아스포라가 안전한 한반도로 이주하였다.

B.C. 37년 고구려 개국과 B.C. 20년 마한의 동쪽에 변한 및 진한에 진시왕 후손들이 황해를 지나 한반도에 당도하고 부족국가가 만든 것이 그 예이다. 이러한 부족국가들과 금면왕조인 투국과 연계하여 중국 일본뿐만 아니라 인도와 로마까지 해상무역으로 부를 축적하였다.

그러다 A.D. 8년 금면왕조 투국과 한나라 외측인 왕망이 중심이 되어 한나라를 멸망시키고 그 나라 이름을 신나라로 정했다. 신나라를 중심으로 해상 디아스포라 세력들이 한나라를 멸하였으나 경제력에 비해 군사력이 약한 신나라는 A.D. 23년는 후한의 광무제에 의해 나라가 망하고 왕손인 왕망과 김당의 후손들은 그들이 이미 교류하던 부족국가 변한과 진한으로 피신을 했을 것으로 생각된다. 그래서 강력한 철기문화와 기마문화를 가야가 가질 수 있었다.

다음으로 중요한 유물이 찻잔이다. 가야의 찻잔은 기존에 우리나라 찻잔과 모양이 매우 다르다. 쇠뿔이 달린 찻잔은 히브리의 찻잔과 비슷하다. 가야찻잔의 가장 특징적인 것은 제사용 고대잔의 형태를 띠고 있다. 기본적으로 가야의 찻잔은 제사를 지내는 용도이다. 제사가 마친 후에 성경 출애굽기 32장 20절[48] 내용처럼 차를 자손들에게 나누어 마시게 하였다.

이러한 형태가 차례가 되었고 일본으로 차례가 전해지면서 차례가 일본에는 성찬식 및 다도로 변형되어 남아있다. 그래서 가야의 잔들을 백제와 신라와 달리 찻잔에 손잡이가 있어 지금의 머그잔의 형태를 많이 하고 있다.

8) 봉황유적지

봉황동 유적지는 김수로왕과 허황후가 결혼한 곳이다. 48년 7월 27일 저녁에 이곳에서 결혼식이 올렸다. 도마는 가야를 떠나면서 수로왕에게 "수로왕은 선민이라 거룩한 몸이니 다른 사람과는 결혼하지 말고 자신이 추천하는 처자와 결혼해야 한다"고 했다. 그

---

[48] 모세가 그들이 만든 금송아지를 가져다가 불살라 부수어 가루를 만들어 물에 뿌려 이스라엘 자손에게 마시게 하니라.

봉황동 유적지

래서 수로왕은 신하들의 간곡한 청원에도 결혼하지 않았다. 그러면서 자신은 거룩한 몸이라서 하나님이 정해준 처자와 결혼해야 한다고 하면서 듣지 않았다. 수로 왕은 신하를 주포에 보내어 붉은 돛을 달고 오는 배를 기다리게 했다.

서기 48년 음력 7월 27일 가덕도 뒤편 '주님의 포구' 즉 주포(主浦)에 배가 도착하니 신하들이 기다리던 배가 마침 나타나자 기뻐 왕궁에 횃불을 들어 신호를 보내고 김해 만에 들어오려면 밀물에 맞춰 들어가야만 하는데 마침 썰물 때인지라 작은 거룻배에 허황옥을 태우고 용원동 망산도에 내렸다.[49] 그리고 거기서 공주를 위해서 만든 예쁜 장식이 있는 배를 타고 호수처럼 잔잔한 김해만의 바다를 지나 해반천을 따라 들어와서 별포에 도착하니 별포에 김수로왕의 신하가 기다리고 있다가 '왕궁으로 모시겠습니다.'라고 하였다.

공주는 "나는 본래 너희를 모르는 터인데 어찌 감히 경솔하게 따라간단 말이냐?"하니 유천간 등이 왕후의 말을 왕께 아뢰자 이에 왕은 옳게 여겨 유사를 데리고 나와 대궐 서남쪽 60보쯤 되는 곳 산기슭에 장막을 쳐서 임시 궁궐을 만들어 놓고 기다렸다. 그 사이에 왕후는 산에 올라가 인도 쪽을 바라보면 자신의 비단 바지를 벗어 앞에 놓고 큰절을 올려 부모님께 인사를 하고 하나님께 감사의 기도를 드렸다. 그리고 예식을 마친 후 수로왕과 함께 신방을 꾸미고 그날 밤 자신이 여기까지 오게 된 사연을 말하고 수로왕도 자신이 기다리고 있었던 이야기를 나누었다.

왕후가 말하기를 "저는 아유타국(阿諭陀國) 공주로서 성은 허(許)이고 이름은 황옥(黃玉)이며 나이는 16세[50]입니다. 본국에 있

---

49) 현재 이곳은 김해평야가 되어 있어 망산도라는 비석을 세워 놓고 유주암을 지어 놓았다.
50) 從容語王曰.妾是阿踰陁國公主也.姓許名黃玉.年二八矣.在本國時.今年五月中.父王與皇后顧妾而語曰.爺孃一昨夢中.同見皇天上帝.謂曰.駕洛國元君首露者.天所降而俾御大寶.乃神乃聖.惟其人乎.且以新莅家邦.未定匹偶.卿等湏遣公主而配之.言訖升天.形開之後.上帝之言.其猶在耳.儞於此而忽辭親向彼乎.往矣.妾也浮海遐尋於蒸棗.移天夐赴於蟠挑.螓首敢叩.龍顔是近. 원문에는 28이라고 기록되어있으나 번역은 16세로 하고 있음(2*8=16)

망산도 표지석

을 때 금년 5월에 아버님과 어머님께서 저를 보고 말씀하시기를 '우리가 어젯밤 꿈에 함께 상제(上帝)님을 뵈었는데 상제께서 말씀하시기를 가락국의 왕 수로를 하늘에서 내려 보내서 왕위에 오르게 했으니 매우 신령스럽고 성스러운 사람이다. 또 나라를 새로 다스리고 있는 터에 아직 배필을 정하지 못했으니 그대들은 모름지기 공주를 보내서 그 배필을 정하게 하라 하고 말을 마치자 하늘로 올라가셨습니다. 꿈에서 깬 뒤에 상제(上帝)의 말이 아직도 귓가에 남아있으니 너는 이제 부모를 작별하고 그곳을 향해 떠나도록 하라' 하셨습니다. 이에 저는 배를 타고 찾아와 감히 대왕을 뵙게 되었습니다.

왕이 대답하기를 "나는 나면서부터 자못 성스러워서 공주가 멀리서 오실 것을 먼저 알고 있었기 때문에 신하들이 왕비를 맞으라는 청을 듣지 않았었소. 그런데 이제 현숙한 공주가 스스로 오셨으니 이 몸에 매우 다행한 일이오."하고 드디어 동침하여 함께 두 밤과 하룻낮을 지냈다.

왕은 공주가 타고 온 배를 돌려보내는데 뱃사공 15명에게 각각 쌀 10석과 포목 30필을 주어 돌아가게 하고, 8월 1일에 왕은 대궐로 돌아오는데 왕후와 수레를 같이 탔고 잉신 내외도 나란히 수레를 탔으며 중국에서 나는 여러 가지 물건도 모두 수레에 싣고 천천히 대궐로 들어가니 때는 오정에 가까웠다고 한다. 이 기사는 삼국유사의 가락국기 속에 담겨있는 내용이다.

허황옥이 타고 여행한 배가 상가브리엘 호

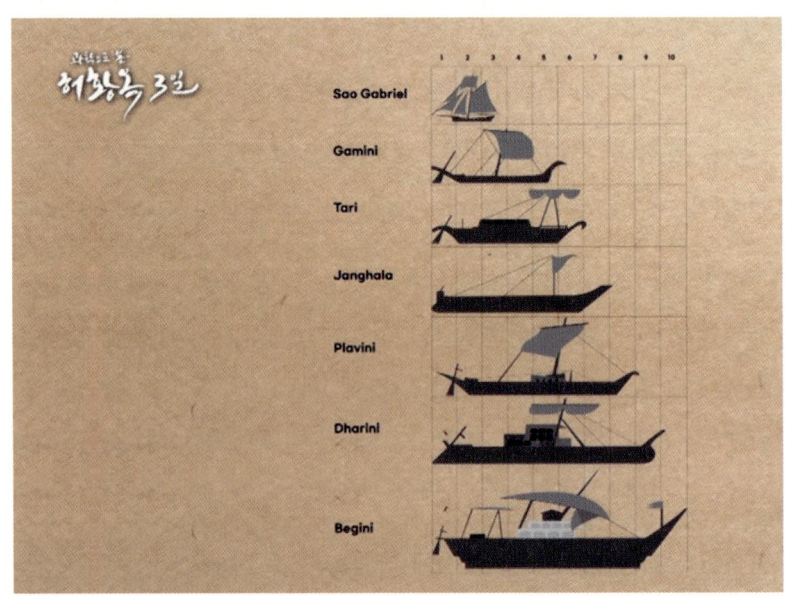

허황옥 3일다큐 포르투갈 탐험가 바스쿠다마가 타고 여행한 배가 상가브리엘 호였다. 당시 인도의 상선과 자신의 배를 비교하였다.

제7부

허황후 2길 경남 산청

7
허황후 2길 경남 산청

이번 편은 경남 김해에 이어 경남 산청을 중심으로 허황후 2길이다. 산청은 금관가야의 마지막 왕인 구형왕 릉과 허황후의 후손 허준의 동의보감촌이 있는 곳이다.

1) 산청의 구형왕 릉

구형왕은 양왕(讓王)이라고도 하며 금관가야의 마지막 왕이며 김

구형왕릉

감람산 공동묘지

유신 장군의 증조부이다. 가야의 힘이 약해져 가고 사람들은 농사를 지으며 싸우려고 하지 않았다. 그래서 구형왕은 금관가야를 신라에게 넘겨주어야 하겠다고 생각을 했다. 그리고 신라와 협의하에 신라 왕실과 관계를 맺고 나라를 신라에 넘겨주었다. 왕은 산청의 가야산 깊은 곳에 조그만 왕실을 짓고 그 속에서 숨어 살면서 여생을 보냈다. 그리고 그가 죽게 되자 자신은 나라를 잃은 죄인이라고 하여 땅에 묻힐 수 없으니 돌무덤을 만들어 달라고 하여 돌무덤을 만들게 되었다. 그래서 이 산 깊은 곳에 특이한 돌무덤이 만들어졌다. 무덤의 형태를 보면 앞에 암사자와 숫사자가 자리를 하고 있으며 무덤의 정 가운데에는 창이 열려 있는 형태의 장엄한 무덤이다. 오른쪽 위에 김유신의 기념비가 있고, 김유신은 이곳에서 삼국통일을 기도하면서 무술을 연마했다고 전해지고 있다.

이 무덤의 형태를 보면 유대인의 무덤의 형태를 가지고 있다. 그들은 죄를 범한 사람을 돌덩이를 가져다 무덤을 만들었다. 그리고 후대의 무덤이지만 무덤에 창을 내는 것을 볼 수 있다. 이는 하나님과의 영적인 어떤 교제를 위한 것이 아닌가 생각된다.

왕이 묻힌 이 산을 왕 산이라고 한다. 건너편에는 허준과 유의태 선생을 기리기 위한 동의보감촌이 있다.

2) 동의보감촌

동의보감을 쓴 허준의 호가 귀암(龜巖)으로 구지봉을 생각하게 하는 호이다. 그는 집안에서 내려오는 약초의 비방을 가지고 생활

동의보감촌

하다가 유의태 선생을 만나 약초와 의학에 대한 깊은 지식을 얻게 되었고 그래서 그는 동의보감(東醫寶鑑)을 저술할 수 있었다. 허황후가 자신의 허씨 성을 준 것은 자신이 왔다고 한 것을 알리기 위함이 아니라 자신이 죽고 나면 자신이 하던 일을 할 수 있는 사람이 없으므로 자신의 일을 감당할 수 있는 아들을 만들어서 허씨가 되게 한 것이다. 이들 허씨는 기도와 약초를 가지고 사람들을 치료하며 하나님의 복음을 전하는 자들이었다. 그래서 허준은 약초를 다루는 자가 되었고 허균은 아버지 허엽의 지도를 받아 조선 시대에 신분 타파를 위한 싸움을 싸웠다. 그가 홍길동전을 쓰게 된 것도 그런 이유 중의 하나였다.

3) 산청박물관

산청박물관에는 가야의 유물이 많이 있는 곳은 아니다. 하지만 특별한 것이 있는데 바로 비단에 대한 유품이다. 우리는 비단 하면 중국을 떠올리지만, 비단은 가야의 주력 상품 중 하나였다. 비단길의 종점이 김해이거나 경주로 이어진다는 것은 그래서 이상하지 않다. 뿐 만 아니라 일본으로 건너간 사람들 중에 진나라에서 온 하다씨 가족들과 영암에 있었던 왕인(王人)의 도일(渡日)은 일본을 새롭게 발전시키는 계기가 되었고 비단을 많이 만들었기에 우주마사라고 비단이 산처럼 쌓였다는 말이 나오게 된 것이다. 이들이 가

산청박물관

지고 간 비단, 차 그리고 옥, 한문 등은 일본을 깨우기에 충분했기에 아소카 문화가 세워지게 된 것이다.

4) 경북 고령의 고천원

삼국유사 진한 편에 후한서에서 말하기를 "진한(辰韓)의 늙은이들이 말하기를 진(秦)나라에서 망명해온 사람들이 한국에 오자 마한이 동쪽 경계에 있는 땅을 베어주고 서로 무리 도(徒)라고 불러 마치 진(秦)의 말과 같았다. 그런 때문에 진한(秦韓)이라고도 불렀고 이들은 12개의 작은 나라로 되어 있는데 저마다 1만호나 되고 모두 나라라고 일컫는다"고 했으며, 최치원은 "진한은 본래 연(燕)나라 사람들이 피난해 왔던 곳이라고 했다"고 기록했다.

일본시조가 탄생했다고 주장하는 고령의 고천원

고천원의 일본시조상

교토의 우주마사지역

삼국사기의 시조 혁거세거서간 편에서 기원전 20년에 "이보다 앞서 중국 사람들이 진(秦)나라의 난리를 견디지 못하여 동쪽으로 온 자가 많았는데 대부분 마한 동쪽에 자리 잡고 진한 사람들과 섞여 살더니 이 때에 이르러 점점 번성해졌다."고 기록하고 있다.

고천원에 비문을 쓴 이경희씨는 위지 동이전 변진조를 인용하여 임나가라에 대해 기록하기를 B.C. 2,3세기경 변진 12개국이 있었고 그 가운데 하나인 변진 미오야마대(弁辰彌烏耶馬臺)란 나라는 오늘날의 고령 땅에 있었다고 한다. 그때 변진 사람들 일부는 일본으로 건너가서 변진의 분국(分國)으로 야마대국(耶馬臺國), 구야국(狗倻國), 안야국(安耶國), 구노국(狗奴國, 또는 樂奴國)을 세웠다고 위지 왜인전(魏志倭人傳)은 전하고 있다.

한편 대가야 사람 일부도 일본에 건너가서 고대 일본 정부인 야마토 정부를 세우고 스스로 야마토 민족이라 하였다. 그들은 또 한반도의 가야국을 그들의 어머님(任)의 나라(那羅)라는 뜻으로 임나가야(任那伽倻) 또는 임나가라(任那加羅)라고 불렀다고 기록하였다. 이로 보건대 진나라 사람들이 마한에 온 것은 기원전이었음을 알 수 있고 신약시대의 기독교를 접했을 리가 없다. 이들은 유대교를 믿던 유대혈통의 디아스포라일 것으로 생각된다.

일본의 교도(京都)의 하다씨 연구가인 유자와 데루후사씨는 "謎の渡來人, 秦氏"[51]를 인용하여 A.D. 356년에 진시황제의 14세 자손인 공만왕(功滿王)이 중국에서의 병란을 피하여 일본에 도래하였다. 후에 공만왕의 아들인 궁월왕(弓月王)이 A.D. 372년에 백제에서 18,000 더 되는 백성들을 이끌고 일본에 귀화하여 보물을 상납하였다. 그런 일로 우즈마사(萬豆麻佐)의 성(姓)을 받게 되었다고 했다. 하지만 중국에 경교가 시작된 것은 당태종 때인 635년인데 어떻게 일본인들이 예수의 존재를 알고 예수메시아에서 나온 우즈마사라는 성을 받았을까 이 궁금증에 대해 이용봉 박사는 아래와 같이 주장한다. 우즈마사 일가들은 한반도에 살면서 도마의 전도를 통해서 복음을 받았을 것이 분명하다고 주장한다. 도마가 한반도에 온 것은 잃어버린 양을 찾아온 것임으로 이들을 만났을 것은 자명한 일이다. 도마 석상이 있는 영주는 울진과 가까운 곳이고 일본으로 건너간 하다씨 일족이 18,000여명에 이른다면 이들은 이 지역에 널리 퍼져서 살고 있었을 것이다. 이로 미루어 생각

---
51) 水谷千秋著, P.30.

해 보면 도마석상이 이 영주지역에 세워져 있다는 것과 도마 석상에 히브리어가 기록되어 있다는 것도 조금은 이해가 되는 대목이 아닐 수 없다. 도마는 이곳에서 디아스포라들인 하다씨 일족을 만났고 이들 중에는 히브리어를 쓰거나 알고 있는 사람들이 있었을 것이며, 도마는 흩어진 이스라엘 사람인 이들에게 복음을 전했을 것이다. 그러므로 하다씨 일족은 도마를 통해 복음을 받았을 것이다. 이로 보면 이들은 김수로왕과 허 황후 그리고 그 후손들을 통해 예수를 믿게 되었을 것이다. 그리고 일본에서 종군목사 케니요셉(Kenny Joseph)이 일본에 199년에 복음이 들어 왔다고 주장한 것처럼 이들 중 일부가 일본으로 건너갔을 것이고 그 후 계속해서 건너갔을 것이라고 사료된다.

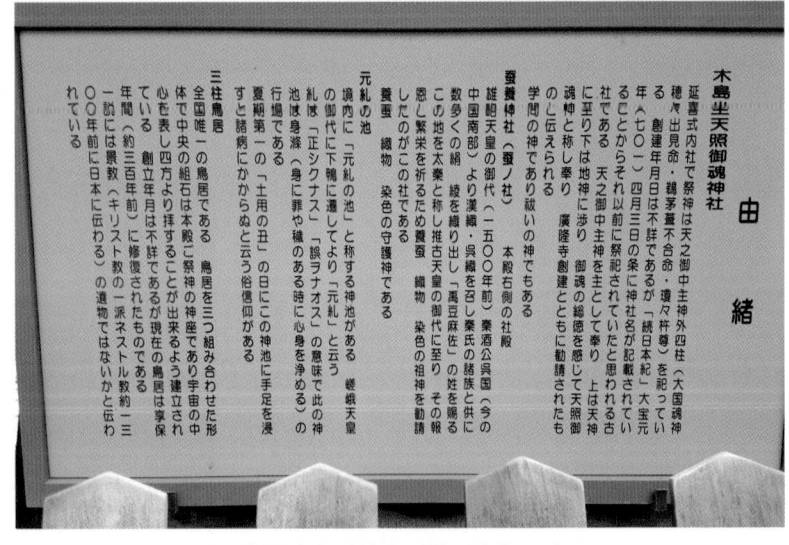

우주마사 지역의 기독교전래 표지

제8부

허황후 3길 경북 포항

8

허황후 3길 경북 포항

이번 편에서는 김해, 산청, 고령을 거쳐 알이랑순례길 중 허황후 3길에 해당하는 경북 포항을 중심으로 살펴보기로 하자.

1) 가야의 디아스포라

1세기 강력한 철기문화와 해상 실크로드를 이용하여 부를 축적하던 가야는 3세기 초부터 심각한 위기상황에 빠지게 된다. 원인을 정리해 보면 첫째, 강력한 군사력의 바탕이던 철기문화가 주변 국가로 전파되면서 주변 국가들이 부족 중심의 삼한을 벗어나 신라 백제와 같이 강력한 중앙집권적 왕국으로 변모해 가는 것이었다. 가야가 부족국가를 벗어나지 못하므로 철기 군을 중심으로 강력한 군사력을 가졌던 가야는 서서히 패망의 길로 접어들고 있었다. 특히 4세기 말 백제 근초고왕의 출현은 대부분 만 호 정도 규모인 가야 부족국가가 백제와 싸워서 나라를 지키기가 어려워졌다. 이 근초고왕 때에 가야의 부를 만들어 주던 항구와 남해안 해양상권이 백제에 빼앗기는 치명적 상황을 만들어진다. 이 시기에 한반도에서 왕인 박사 등과 같은 가야계 백제인들이 왜국의 지속적인 러브콜에 의해 왜국으로 떠나가게 되었다. 또한, 일본 역사서에 남아있는 A.D. 372년에 백제에서 18,000명이 더 되는 백성들이 왜국에 귀화하여 우즈마사(萬豆麻佐) 마을을 만든 사람들도 왕인박사의 경우와 다르지 않다. 이러한 가야계 백제인이 일본으로 많이 가게 된 것에는 B.C. 2,3세기경 일본의 야마토 정부를 세운 고령의 변진 미오야마대(弁辰彌烏耶馬臺)란 나라와 같이 가야계 왜인들이 일본에서 지배층으로 성장하여 기존의 가야 디아스포라들에게 러브콜을 한 이유도 있다.

또 한 가지 가야가 붕괴되는 치명적인 이유가 불교의 한반도 전파이다. 불교는 372년 고구려, 384년에는 백제에 들어온다. 신라는 이보다 150년 뒤인 527년에 불교가 들어온다. 아마도 4세기 말에서 6세기 초까지 한반도에서는 불교와 그리스도교 간에 심각한 종교전쟁이 벌어졌을 것으로 생각된다. 4세기에 들어오면 기존에 자유롭게 하나님을 믿던 가야계 디아스포라들도 불교로의 개종 압박을 백제로부터 혹독하게 받았을 것이다. 그래서 4세기 말부터 힘 약한 기독교 국가 가야의 부족들이 일본으로 이동하는 것은 불교로 개종하지 않기 위한 하나의 방편이 아니었을까 생각해 본다. 그래서 4세기 말부터 시작하여 7세기 중엽에 마무리되는 신라와 백제의 패권싸움은 불교와 기독교의 종교전쟁이다. 이서국과 사로국으로 출발한 두 기독교 국가는 백제와 고구려라는 강력한 불교국가를 만나 살기 위해 협력했을 것이다. 그래서 531년에는 금관가야가 562년에는 고령의 대가야까지 신라에 복속되는 것으로 신앙적 연대를 지킨 것이 아닌가 생각된다. 그리고 나아가서는 경교의 나라 당과 연합하여 백제와 고구려를 이겨 냈을 것이다.

2) 포항 냉수리 신라비

1989년 3월 경북 영일군 신광면 냉수 2리에서 밭갈이하던 이상운씨에 의해 한 비문이 발견되었는데 이 비문을 냉수리 신라비라 하고 현재 국보 264호로 지정되어 있다. 이 비문에 위의 봉평비와 같은 제천의식이 담긴 글이 있다.

우주마사 지역의 기독교전래 표지

이 비가 발견된 영일(迎日) 신광면(神光面) 지역은 삼국사기 지리1 양주(良州) 의창군조(義倉郡條)에 의하면 본래 신라의 퇴화군(退火郡)에 속한 동잉음현(東仍音縣)이었다. 경덕왕(景德王) 16년(757) 주(州), 군(郡), 현(縣)의 정비에 따라 퇴화군이 흥해군(興海郡)으로 바뀌면서 동잉음현은 신광현(神光縣)으로 이름이 바뀌게 되었다.

後面
若更導者教某重罪耳
與事人沙喙壹夫
智奈麻到盧弗須仇
*喙躭須道使心訾公
喙沙夫觚㫋利沙喙
蘇觚支此七人跪踪所白了
事煞牛拔*語故記

냉수리신라비 후면내용

신광면 옆에 있는 안강(安康)은 본래 음즙벌국(音汁伐國)이었다. 위에서 말 한대로 음즙벌국은 파사왕(婆娑王) 23년(102)에 신라와 병합되었고 이후 이 지역에 비화현(比火縣)이 설치되었다가 경덕왕 때에 안강현으로 개칭되면서 흥해군(興海郡)의 영현(領縣)의 하나가 된다. 이 지역은 신라가 동해안으로 진출하는 전초기지였기에 왜(倭)와 고구려에 영향을 미치기도 하였으며 안강(安康), 청하(淸河), 흥해(興海)를 잇는 교통의 요지로 비가 발견된 냉수리 지역은 곡강천과 형산강지류의 분수령이 되는 곳이다. 부근의 흥곡리에는 약 86기 이상이 분포하는 군내 최대의 고분군이 있다.

특이한 것은 이곳에서 진율예백장(晋率濊伯長) 동인(銅印)이 발

129

견되었다는 점이다. 이 진율예백장(晋率濊伯長)은 중국 진나라 때 예백장(濊伯長)에게 준 관인(官印)의 하나로 3행에 상하 2자씩 새겨져 있는 도장이다.[52] 이로 보면 이들이 진나라에서 넘어온 사람들이라는 점이 드러난다.[53]

이 비는 503년(지증왕 4년)으로 보는 견해와 443년(눌지마립간 27)으로 보는 견해 383년(나물마립간 28)으로 보는 견해 등이 있는데 문화재위원회에서는 이 비를 국보로 지정하면서 건립연대를 503년으로 잡았는데 그래도 현존 발견된 신라 비문 중 가장 오래된 것이다. 이 비문 중 특이한 문구가 있는데, "7인이 일이 완결되어 얼룩소를 잡고 하늘에 널리 고하였기에 이를 기록한다.[54]"라는 문구이다.

여기도 얼룩소를 잡아 하늘에 제사를 지냈다는 기록이 있음은 놀라운 일이 아닐 수 없다. 이로 보건대 이 지역의 수장(首長)들은 오래전부터 소를 잡아 하늘에 제사하는 제천 의식을 행하고 있었

---

52) 현재 이 도장은 간송박물관에 수장되어 있음.
53) 진시황제는 B.C. 259년 1월에 태어나 B.C. 246에 13살에 왕위에 올라 B.C. 222년에 중국을 통일하고 황제에 오름. 그러나 그는 210년 9월에 사망하자 환관 조고(趙高)가 태자 부소(太子扶蘇), 승상 이사나 시황제의 혈족자 등 권력자를 차례차례로 암살하고 시황제의 26남 호해를 황제의 자리에 앉히고 권력을 제멋대로 부리면서 폭정. 진나라는 혼란에 빠지면서, 다음 해에는 진승, 오광의 반란이 발발하여 전국으로 퍼져나가고, 분열 조짐이 나타나기 시작. 조고는 호해를 죽이고 시황제의 황태자 부소의 장남 영자영을 왕위로 옹립하려다가 자영에 의해 죽임을 당하고 자영은 항우에게 항복. 이로서 진시황제가 연 진나라는 B.C. 206에 망하고 이후 유방이 항우를 물리치고 한나라를 세우게 됩니다.
54) (七人 口踪所白了 事煞牛拔 誥故記)

다는 것을 알 수 있는데 이런 행위는 제사의식이라기보다는 언약의 관계를 표한 것이 아닐까 생각이 된다. 왜냐하면, 울진 봉평리의 의식은 신라의 6부가 관장하여 소를 잡았다고 했으며 냉수리의 비에서는 7인의 일이 완결되어 하늘에 고하기 위해서 소를 잡았다고 했다. 이런 내용을 살펴보면 이들은 어떤 행사 때가 되거나 특별한 일이 있어서 제사 드린 것이 아니라 서로의 문제가 해결되거나 계약이 성립되었기 때문에 행한 의식이라는 점에서 그러하다.

이 의식은 아브라함 때에 하나님이 아브라함에게 명하신 의식과 일맥상통한다. 곧 하나님은 아브라함에게 자손에 대한 언약과 가나안을 주시겠다는 약속을 하시니 이에 대하여 아브라함은 그것을 어떻게 알겠느냐고 하자 하나님은 아브라함과의 언약 곧 계약의 증표로 짐승들 곧 삼년 된 암소, 삼년 된 암염소, 삼년 된 숫양, 산비둘기와 집비둘기 새끼를 가져오라고 하신다. 이에 아브라함은 이 짐승들을 쪼개어 놓았다는 기록이 나오는데[55] 이는 하나님과 아브라함의 계약의 모습이다. 이런 계약의 관계는 이스라엘민족의 고유한 관습이었다. 봉평리와 냉수리의 예식은 이런 의식의 모습과 동일하다는 것을 볼 수 있다.

---

55) 창세기 15장.

3) 연오랑과 세오녀 테마파크

157년 연오랑(延烏郎)이라는 신앙이 좋은 사람이 있었다. 그는 바닷가에서 미역을 따면서 동트는 나라를 생각하며 그들에게 복음을 전해주고 싶었다. 그러던 어느 날 새벽 동트는 바다를 바라보고 기도하고 있었는데 배 한 척이 다가왔습니다. 그리고 사람들이 와서 연호랑에게 절하면서 "우리는 바다 건너 해 뜨는 나라에서 왔는데 우리가 아는 것이 없고 어떻게 하나님을 섬겨야 할지 알 수

연호랑 세오녀 상 (포항호미곶)

없으니 와서 우리를 도와 달라"고 읍소하였다.

연호랑은 저들을 따라 해의 나라에 도착하였다. 그의 아내 세오녀(細烏女)가 아침상을 준비하고 남편이 돌아오기를 기다려도 오지 않자 바닷가에 나가 보니 거기에는 아무도 없고 남편이 신었던 신발 한 켤레가 가지런히 바위 위에 놓여 있는 것을 보고 그 바위에 앉아 한없이 울면서 하나님께 기도하였다. 날마다 날마다 바위에 앉아 울고 있던 어느 날 배 한 척이 다가왔는데 바로 해 돋는 나라에서 온 배였다. 그들은 세오녀를 태우고 해 돋는 나라로 가 연호랑을 만났고 그 나라에서 이들 부부를 왕처럼 귀하게 대우하며 그의 말을 듣고 하나님을 섬기게 되었다.

그런데 사로국에서는 문제가 일어났다. 아무리 철을 만들어도 단단한 철을 만들 수 없었기 때문이다. 그래서 제련소의 불이 꺼지기 시작하고 철을 생산하지 못하므로 나라에 위기가 다가오게 되었다. 고민하던 왕은 그 연유를 살펴보니 연호랑이 떠난 후부터 이런 일이 생긴 것을 알게 되었고 연호랑이 철을 만드는 비법을 가지고 있었기 때문임을 안 왕은 급히 사신을 정하여 해 돋는 나라에 보내어 연호랑을 데려오라고 했다. 사신이 해 돋는 나라에 가서 연호랑을 만나 왕의 명을 전하고 "돌아가자"하니 연호랑이 "하나님이 내게 명하신 이일을 버리고 어찌 돌아 갈 수 있겠습니까? 나라가 그렇게 위태로워지고 있다 하니 내 아내가 짠 비단 한 필을 줄 터이니 그것을 왕에게 가져다주고 하늘에 제사하면 하늘이 들으시고 다시 제련소에 불이 붙게 될 것입니다."하고 비단 한필을 사신에게 주었다. 사신은 연호랑과 세오녀를 두고 사로국으로 돌아와서 그 비단을 왕에게 드리니 왕이 보고 기뻐하여 하나님께 감사의 기도를 드리고 그 비단을 아주 귀한 곳에 간직하여 두었다. 다시 제련소에는 불이 붙었고 전처럼 단단한 철이 생산되게 되었다. 바로 그 비단에 단단한 철을 만드는 비법이 적혀 있었기 때문이었다. 이것이 연호랑과 세오녀의 이야기이다. 이들이 일본으로 건너간 것은 157년경이었다. 그러면 이 당시에 이 지역에도 복음이 전해졌으며 많은 사람이 믿음을 갖고 있었다는 말이 된다.

삼국사기 신라역사 5대왕 파사이사금(婆娑尼師今)편에 "실직곡국(悉直谷國), 음집벌국(音汁伐國)에 잦은 영토 분쟁이 일어나자 두 나라 왕이 파사이사금 신라왕에게 분쟁 조정을 요청하니 신라왕은 금관국 수로왕이 경륜이 많고 지식이 많으니 그분을 초청해 묻자고 했다."라는 대목이 있다.[56] 위의 기록은 수로왕이 여러 소

---

56) 삼국사기 신라본기 파사이사금편. 실직곡국과 음집벌국의 국경 분쟁은 실제로는 실직곡국을 비롯해 강원도 해안 지역의 예족 계통 소국들이 남하하여, 진한 계통 소국들과 철 교역을 두고 갈등을 빚은 사건이라고 생각할 수 있다.
新羅本紀 第一 婆娑尼師今立
二十三年 秋八月 音汁伐國與悉直谷國爭疆 詣王請決 王難之謂 金官國首露王 年老 多智識 召問之 首露立議 以所爭之地 屬音汁伐國 於是 王命六部 會饗首露王 五部皆以伊

국들에게 인정을 받고 있었다는 증거가 되는 대목으로 당시 이 지역의 소국들은 모두 철을 화폐처럼 사용하였고 고분들의 출토에서 나오는 유물들이 서로 비슷하게 나타나고 있음을 보아 문물의 교류가 빈번하였음을 알 수 있다. 그렇다면 김수로왕과 허황후를 통하여 복음이 자연스럽게 전파되었을 것이며 여러 지역의 소국들은 김수로왕을 높게 평가하였을 것이다. 뿐아니라 신라의 파사 이사금도 수로왕과 절친하였고 문제를 서로 논의한 것을 보면 파사 이사금도 신실한 기독교인이었을 것이다. 이는 그의 이름을 파사[57]라고까지 한 것을 보아 알 수 있으며 수로왕과도 깊은 교류가 있기 때문이다. 이런 복음의 전파로 157년 연호랑이 일본으로 복음을 들고 갔다는 것은 그렇게 이상한 일이 아니라고 본다.

---

57) 경교 교회를 페르시아 교회라는 뜻인 파사사(波斯寺)라고도 불렀는데 이는 페르시아에서 왔음으로 파사교(波斯敎)라고 하였다. 중국에서 기독교를 '파사사' '파사교'는 '파사경교'(波斯景敎)라 불렀다.

연호랑 세오녀 테마파크

제9부

허황후4길 경북 경주

9
허황후4길 경북 경주

이 편에서는 이서국과 사로국의 최종 승자인 서라벌 경주를 중심으로 허황후4길을 알아보고자 한다.

1) 실크로드와 디아스포라

실크로드는 디아스포라와 밀접한 관계가 있다. 위치적으로는 이탈리아 로마에서 한국의 경주까지이다. 일반적으로 육로를 통하여 많은 물품이 오고 갔다. 당조(唐朝) 이전(618~907) 동서양의 문명 교착지는 하서(河西)지역의 관문 도시 돈황(燉煌)이었다. 곧 동서양의 문화와 무역의 거대한 장터와 같은 곳이었다.

로마제국과 중국의 만남을 가능케 한 것은 다름아닌 진시황(秦始皇 B.C. 259~210)의 통일 중국(統一中國 B.C. 221)이었다. 당시 탐험가에 의하면 중

신라왕관

앙아시아에서 출발하여 중국에 도착하려면 적어도 7개월이 시간이 걸렸다고 한다. 이 길이 바로 실크로드이다. 로마의 작가 아르노비우스[58](Arnobius ?~327)가 300년 즈음에 쓴 "신들의 노여움(Adversus Gentis)"에서 "로마교회의 선교사업은 이미 인도와 Seres(중국)[59] 페르시아, 메데(Medes)까지 미쳤다"라고 기록했으며, "동한(東漢)(B.C. 25~220)시기에 시리아의 동방교회 선교사 두 사람이 실크로드에 도착했다. 그들이 중국에 들어온 목적은 겉으로는 실크 제작 과정을 배워 볼 생각이었지만 실제로 선교가 목

---

58) 니케아 전야에 활약한 기독교 철학자 겸 변증가였다. 아프리카 로마 식민지 시카 베네리아에서 활약한 변론가로 처음에는 그리스도교를 심하게 반대했으나 뒤에 그리스도교로 개종한 다음에는 그 변호에 노력하였다. 주저〈제 국민에 대하여 Adversus nationes〉(7권)는 제 1~2권에서 그리스도교를 변증하였으며 제 3~7권에서는 이교의 신들을 비난하고 있다. 이 책은 성경도 인용하지 않고 기타 그리스도교 관련서적에 관한 언급도 별고 없으며 주로 이교의 내부적 모순, 특히 그리스적 또는 신플라톤주의적인 의인신론(擬人神論), 신화적 설명 나아가서는 플라돈의 영혼전생설(靈魂轉生說)의 비합리성을 비판하였다. 또 당시의 이교사정을 자세하게 기술하고 있어 이교에 관한 정보를 많이 제공해주는 서적이라고 할 수 있다.

59) 고대 중국인 명칭. 기원전 1세기경부터 그리스 로마인들은 중국인들을 세레스(Seres)라고 불렀으며 중국은 세리카(Serica)라고 하였다. 그 어원에 관해서는 논란이 많으나 대체로 당시 한의 특산물이던 비단을 의미하는 세르(Ser)나 세리쿰(Sericum)에서 유래된 것으로 본다. 영국의 유명한 동양학자인 헨리 율(Henry Yule)은 문명의 교류사의 첫 고전이라고 할 수 있는 그의 역작〈중국으로 가는 길〉에서 풀리니(Pliny)등 고전 학자들의 기록을 종합하여 세레스(Seres)에 관해 다음과 같이 기술하고 있다. "세레스인들이 사는 곳은 광활하고 인구가 조밀한 나라이며 동계(東界)는 대양에 면하고 사람이 살 수 있는 세계의 끝이며 서계(西界)는 이마우스(Imaus)와 박트리아(Bactria)변경 근처까지 뻗어있다. 사람들은 매우 유화(柔和)하고 검약한 기질을 가진 개화인이며 이웃과의 충돌은 삼가지만 친밀한 교제에는 좀 소심한 편이다. 그러나 생사(生絲)를 주산품으로 한 견직물이나 모피, 그리고 양질의 철등 자신들의 생산품을 처분하는 데는 결코 인색하지 않다." 제8회 국제경교연구 학술대회, 2018.5.30. P.54.

적이었다."[60]는 기록도 있다.

이처럼 실크로드를 통하여 많은 교역이 이루어지고 한편으로는 이 실크로드를 통해 문화와 문명도 오고가고 종교도 전파되었다. 지금, 이 실크로드는 전부가 무슬림지역이 되어 버렸지만 570년 마호멧무하마드가 태어나기 전에는 이 실크로드 전부를 지배하는 것은 유대인 디아스포라를 중심으로한 유대인 및 유목민족이 주류를 이루었다. 또하나의 길이 해상 실크로드 또는 향료길이라 불리우던 해상 무역길이다. 이 길은 솔로몬시대부터 개척되어 로마가 있는 지중해와 수에즈운하를 통과 인도를 거쳐 말라카 해협을 경유 중국 항주를 통해 한반도 남해안을 거쳐 경주에 다다르는 길이다. 유대인들의 디아스포라는 이 실크로드와 깊은 관계가 있다. 목축을 하던 유대인들은 대륙 실크로드를 이용했으며, 상업을 주로 하던 유대인들은 해상 실크로드를 주로 이용하였다.

2) 로만글라스

경북 경주의 옛 무덤에서 여러 종류의 유리잔이 나왔다. 사로국(신라)의 큰 무덤들에서 로만 글라스(B.C. 27~A.D. 395)가 출토되었는데 황남대총, 천마총, 금관총, 금령총, 서봉총, 월성동 13호분에서 20여개의 로만 글라스가 나왔으며 가야국의 대성동 고

---

60) 姜文漢(中國古代基督敎 及 開封猶太人), 上海, 知識出版社, 1982, p.9.

경주출토 유리목걸이

분 91호에서 A.D. 340년의 로만 글라스 손잡이가 출토되기도 하였다.[61]

　이러한 증거들은 500년 이전까지의 신라는 로마와 문화교류를 많이 한 증거가 된다. 이들 중에는 터키의 이스탄불에서 만들어져서 육로의 실크로드로 들어온 로만 글라스가 있고 이스라엘에서 만들어져서 바다의 실크로드로 들어온 이스라엘제 유리잔이 있으며 또 말레이 쪽에서 만들어진 유리구슬, 특히 인면 구슬 등이 그것이다.[62] 그런데 고구려 백제 등의 고분에서는 로만 글라스가 출

---

61) 금관가야의 국제교류와 외래계 유물, 인제대학교 가야문화연구소, 주류성 출판사, 2014, p.133, 328~331.
62) 이 유리그릇들의 상당수는 서아시아나 지중해 주변에서 온 것으로 분석된다. 로마제국기에 성행한 '로만글라스'의 후기 모델(4~5세기 말)이거나 로만글라스를 장식적 측면에서 업그레이드한 서아시아 사산조 페르시아(3~7세기)의 '사산글라스'다. 인류가 유리를 만든 것은 4000여년 전쯤으로 추정된다.

토되지 않고 있음을 보아 주로 이런 것들은 바다의 실크로드를 따라 유입되었음을 말해 주는 것이다.[63]

왼쪽은 지중해출토 오른쪽은 경주출토 유리잔

3) 신라금관

세계에 고대 금관이 남아있는 것이 총 10개인데 그중에 6개가

문헌으로는 로마의 플리니우스(23~79)의 저서 〈박물지〉에 보인다. 폼페이를 뒤덮은 베수비오 화산 폭발 목격담으로도 유명한 그 플리니우스다. 〈박물지〉는 기원전 1300년 전후 지금의 레바논·시리아 등에서 활약한 페니키아 상인들이 식사를 준비하던 중 소다 덩어리가 녹아 모래와 섞이면서 유리가 생성되는 것을 발견했다고 적었다. 고고학적 유물은 이보다 훨씬 이른 시기에 나타난다. 메소포타미아나 고대 이집트에서는 유리제 유약이 기원전 4000년쯤에 등장한다. 이라크의 기원전 2300년경 유적에선 유리 덩어리, 구슬이 발굴됐다. 잔이나 병 같은 유리용기도 기원전 1500여년 전후 메소포타미아, 이집트 유적에서 보인다. 경향신문. 2018.11.16.

63) 일본의 유리공예가 요시미즈 츠네오 씨는 '로마문화 왕국 신라'라는 책을 저술하였고 경주세계문화엑스포의 '실크로드 경주 2015'에서 신라 시대의 로만 글라스를 재현하여 전시하였다.

황남대총, 금관총, 금령총, 천마총, 서봉총 등이 교동 68번지에서 출토되었다. 이런 것을 보아 당시 우리나라에는 많은 금이 생산되고 있었음을 나타내는 것으로 이 당시에 로마문화와 깊은 교류가 있었을 것이며 이스라엘의 사람들은 배를 타고 한반도에 들어온 이유가 이런 상업적인 연관 관계가 있음을 말해 주고 있다. 로마 문화의 찬란함이 같은 시기에 동쪽 끝 신라 경주에도 이탈리아 로마 못지않게 찬란한 문화의 꽃을 피우고 있었다는 것을 이런 자료들을 통하여 알 수 있다. 물론 그 전에 이 해류를 타고 남부지방에 사는 농경 민족들이 들어와서 농사와 수렵을 하면서 살고 있었다. 당시의 김해와 낙동강은 반도 깊숙이 물길이 있었고 이 물길이 닿는 곳이 청도(淸道)였다. 그래서 맑은 길이라고 청도라 하게 된 것이다. 이 청도에 이스라엘의 상단이 배로 물건을 실어 오고 갔기에 이스라엘 사람들이 살고 있었으며 단일신인 천신을 모시고 사는 이 제사장의 나라에 이들도 유일신 하나님을 섬김으로 통하는 바가 있었으므로 자연스럽게 함께 했을 것이다. 이렇듯이 남방 쪽에는 솔로몬의 시대부터 이스라엘의 상단들이나 페니키아의 상단들이 있었을 것이고 도마의 시대에는 많은 이스라엘 사람의 후손들과 북방에서 내려온 기마 민족들이 이들과 합세하여 여러 부족이 만들어졌을 것이다.[64] 이서국과 대치되는 사로국이 있었는데 이

---

64) 당시 남부지방은 변한(弁韓)지역으로 12국, 동쪽으로는 진한(辰韓)이 12국으로 되어 있어 마치 12지파를 상징하는 듯하다. 서쪽은 마한(馬韓)지역이었다.

사로국도 역시 하늘을 섬기는 사람들이었고 이들 또한 기마민족이었을 것이라고 한다. 이들은 모두 하늘을 섬기며 유일한 하나님을 섬기는 사람들이었다.[65]

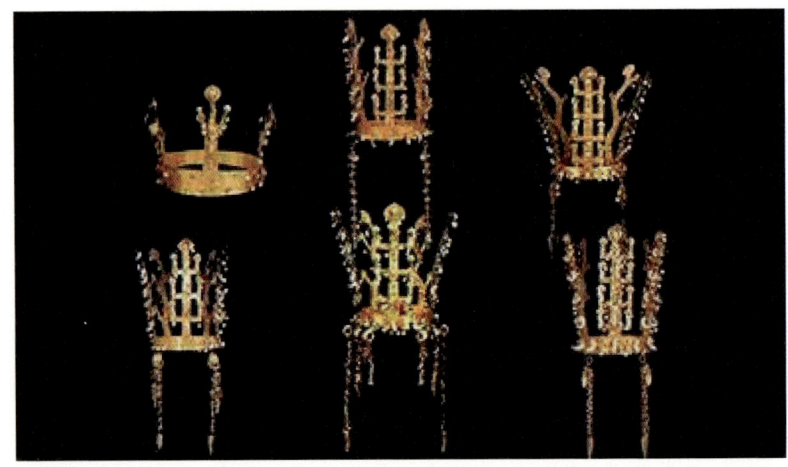

신라금관

4) 문무대왕비

신라의 문무대왕은 신라의 30대 왕으로 태종 무열왕의 맏아들로 이름은 법민이며, 김유신과 함께 신라군을 지휘하여 660년 백제를 정벌, 668년 고구려 정벌로 명실상부 삼국통일의 위대한 업적을 이룬 분이다. 그런데 681년 문무왕이 돌아가시면서 자신의 시체를 바다에 묻어달라는 유언을 하시는데, 그의 유언에 따라 경주 사

---

[65] 이서국(伊西國)과 사로국(斯盧國)은 진한(辰韓)에 속한 나라로 이스라엘 혈통을 가진 사람들이며 유일신 하나님을 섬기고 있었다.

천왕사에서 화장을 한 뒤 유골을 경주 감포 앞바다 용길리 해수욕장 앞 200m 지점에 있는 바위에 안장하게 된다. 이 바위를 후대의 사람들은 대왕암 또는 문무대왕릉이라 부른다. 이렇게 바다 한가운데 능을 만들다 보니 왕의 업적을 기록한 비문을 왕릉 주변에 설치 할 수가 없어 문무대왕비문은 특이하게도 왕을 화장을 한 신라 남산 옆 사천왕사에 설치하게 되었다. 그런데 놀라운 사실은 문무대왕비문의 내용이다. 비문에 따르면 문무대왕은 흉노의 후예이며, 자신의 15대 선조가 성한이며, 성한은 투후 김일제(秺侯 金日磾)의 7대손이라고 기록하고 있다.

그런데 중국의 역사서 한서(漢書) 김일제(金日磾)편에 의하면 묵돌선우와 만리장성 위의 북방패권을 높고 싸운 전투에서 한유방이 대패한 후 약 50년이 지난 한나라 7대 황제 무제(武帝)때인 기원전 144년에 이르러 전세가 역전되기 시작한다. 특히 기원전 121년 한나라에 곽거병이라는 불세출의 영웅이 나오고 급기야는 칸

경주 감포앞바다에 있는 문무대왕릉

수지방의 흉노를 정벌하게 된다. 이 전쟁에서 일제의 아버지인 휴도왕(休屠王)은 죽게 되고, 일제와 어머니 알지(閼氏) 등은 하루아침에 포로가 되어 노예가 되어버린다. 그러나 말을 다스리는 천부적인 재능으로 인해 일제는 한무제의 총애를 받게 되고, 결정적으로 한무제의 암살을 막는 공을 세우게 된다. 이때 한무제는 일제에게 2가지 선물을 하게 된다. 첫째가 투국의 제후라는 뜻으로 천자 다음가는 투후(秺侯)라는 관직을 주었다. 다음으로 일제를 하늘에 제사를 지내는 황금가면을 쓴 사람(祭天金人)이라는 뜻으로 金을 성으로 하사하였다. 이러한 과정을 격으며 투후 김일제가 탄생하게 된다.

김일제 이후에도 투후는 세습이 되어 김일제의 차남인 김건(金建)의 손자 김당(金當)이 투후로 봉해지며, 다시 김당의 아들인 김성(金星)도 투후가 된다. 그런데 이즈음에 크나큰 사건이 김일제 후손에게 일어난다. 먼저 서기 8년에 왕망(王莽)의 집안과 김당의 집안에 의해 한(漢)나라가 망하고 신(新)나라가 건국된다.

깨어진 문무대왕비

그러다 15년이 지난 서기 23년 후한의 광무제인 유수에 의해 신 나라가 반대로 멸망되어진다. 결국 신 나라의 멸망과 후한의 건국으로 김일제의 후손들을 토국에서 더이상 살 수 없게 되고 중국의 기록에서는 사라진다. 그런데 아이러니하게도 중국에서는 사라진 김일제의 후손들의 기록이 40여 년이 지난 서기 65년 우리나라 삼국사기 신라본기 탈해 이사금편의 기록에 다시 나타난다. 그 내용은 아래와 같다.

"탈해이사금이 금성 서편 시림(始林)에 닭 우는 소리가 들려 사람을 보내 살펴보게 하였는데 그 자리에 금궤(金櫃)가 있어 열어보니 사내아이가 들어있었다. 왕이 좌우에게 말하기를 하늘이 내게 준 아들이라고 하였다. 자라면서 총명하여 이름을 알지(閼智)라 했고 금궤에서 나왔기 때문에 성을 김씨로 하였다. 그리고 시림을 고쳐 계림(鷄林)이라고 하고 나라 이름으로 삼았다."

이상의 내용을 간단히 정리해보면 석씨 가문이 신흥 김알지 가문과 연합하여 시림을 대신하여 계림이라는 나라를 세웠다는 것이다. 이를 역사적으로 뒷받침해보면, 토후 김일제의 후손에 관계하여 먼저, 신 나라의 멸망이 서기 23년, 그리고 김수로에 의한 가야의 건국이 서기 42년, 그리고 마지막으로 신라에 김알지가 나타나는 시기가 서기 65년이다. 이후의 역사와 삼국통일 과정에서 알 수 있듯이 신라란 국호는 김일제의 후손인 김당이 세운 신 나라와 무관하지 않으며, 신라의 수도 金城은 흉노족의 발원지 알타이(金城)와 김일제의 투국 수도 金城과 한자가 동일하다. 오늘의 시각으로 이 사건을 보면 알타이와 가야나 신라의 김씨는 디아스포라를 한 유대 혈통이다.

5) 금령총 기마인물형 도기

금관총에서 발견된 기마 인물상은 국보 91호로 지정되어 있으며, 말뒤에 동복이 인상적이다. 이 동복은 유목민들이 밥을 해먹는 도구로 우리의 솥과 같은 역할을 한다. 그런데 이 동복의 또 한 가지 기능이 차를 만들어 먹는 것이다. 이 동복은 지금까지 흉노족의 이동로에서만 발견되고 있다는 점을 논거로 유목민족과 한민족의 관련성을 주장하기도 한다.

중앙아시아 유목민의 전설에 의하면 차는 탱그리의 성수(聖水)이다. 중앙아시아 유목민의 역사에서 널리 나오는 탱그리는 우리말 단군과 같은 의미로 신정일치 시절의 최고지배자 계급을 의미한다. 알타이족의 탱그리들은 황금왕관을 쓰고 신에게 황금색 차로 제사지내며 제사후 차를 나누어 마시므로 그들의 권위를 세웠다. 결국 황금색의 차는 하늘과 땅을 이어주는 신단수와 같은 의미로 탱그리들이 소중히 다루고 소중히 마시던 성수(聖水)인 셈이다. 이러한 문화가 디아스포라를 통해 동양과 서양으로 널리 전달되게 된다. 특히 기원전 199년 흉노족 목돌선우가 한고조 유방을 정벌한 해로부터 약 80여 년간 흉노는 한나라로부터 다양한 조공을 받게 된다. 특히 흉노는 이러한 한나라의 실크를 중심으로 한 조공품들을 실크로드를 이용하여 서역에 판매를 하면서 굉장한 금전적 이익을 축적하였다. 이때 인도 파미르 고원의 차들도 실크로드를 따라 동서양을 왕래하게 되었다. 또한 단군조선 멸망이후 조선의 후예들이 부여와 옥저와 동예 등에서 자신들의 세력을 키워 요동과 만주를 중심으로 활동하다 기원전 37년 졸본부여의 주몽을 중심으로 고구려를 건국한다. 이때부터 다시 한나라의 힘은 약화되고 투국과 고구려 등의 유목민족들이 강성해가는 시기가 다시 도래했다.

복원된 가야 기마병 김해박물관

제10부

복호차 1길 전남 보성

10
복호차 1길 전남 보성

지금부터 우리가 알아볼 알이랑 순례길은 차와 관련이 있는 길이다. 우리나라 문헌에 나오는 가장 오래된 차 복호차가 있는 장골마을 주변이다. 그래서 순례길 이름도 복홀차 1길로 정하고 전남 보성 장고을부터 순례를 시작하겠다.

1) 복호차 시배지 장고을

보성군사에 따르면 보성차에 대한 최초의 기록으로 백제는 고이왕 때(234~286) 목지국(目支國)을 병합하였으나 아직도 차 산지인 전라도의 마한의 소국(小國) 비리국은 편입하지 못했다. 차를 좋아하는 백제의 귀족층들과 조정에서는 토산차로 직접 차 공납(貢納)을 받을 수 없었고, 필요한 차는 비리에서 구매한 듯하다. 그러다 마침내 근초고왕 24년인 서기 369년 3월에 마한의 비리국이 백제의 복홀군으로 통합될 때 특산품으로 차를 바쳤다는 기록이 있다. 이때가 우리나라 최초의 공납차인 복홀차(伏忽茶)의 탄생이며, 차의 명칭 또한 복호차(伏虎茶)에서 복홀차(伏忽茶)로 넘어가는 시기가 아닌가 생각된다. 보성군청은 복홀차의 시배지로 유력한 곳이 보성군 미력면 장동 장골 마을 주변이라고 한다.

이 마을은 마한 시대 복호 촌으로 불리었다가 백제 시대부터 복홀군으로 불리었다. 그러다가 서기 757년 통일신라 경덕왕 시절에 비로소 복홀군을 중심으로 성을 만들고 "보물이 있는 성"이라는 뜻으로 보성(寶城)이라는 이름으로 붙이게 된다. 과연 신라 경덕왕에게 보성의 보물은 무엇이었을까? 아마도 경덕왕은 그의 선조들이 사랑한 차를 후대까지 잘 지켜준 복홀군의 차 사랑을 소중한 보물이라 생각하지 않았을까 싶다.

그런데 고려 시대에 가면 보성의 옛 이름 복호를 차지하고 싶은 이가 또 한 명 더 있다. 그는 원나라를 세운 쿠빌라이로 그는 천하의 명당 복호를 가지고자 자신의 부하들이 복호를 지키도록 했다.

장고을 마을 표지석

그 결과인지는 알 수 없지만, 쿠빌라이는 피비린내 나는 형제들 간의 전쟁에서 결국 황제가 되고 원나라를 개국하는 영광을 누렸다. 아무래도 복호는 이래저래 명당이며 보물이 확실한 모양이다.

포도가 귀한 사막에서는 차로 드리는 차례가 하나님에게 제사를 지내는 한 방식이였다. 가야의 토기에 유독 제사용 그릇이 많은 이유와 찻잔이 많은 것이 그 이유이다. 차는 일본에 가서 성찬식의 형태로 발전해 간다.

2) 갑호사지

백제 복홀군의 도읍지 장골 부근 석호(石虎) 마을에는 백제 시대 절터인 '석호사지(石虎寺)'가 있다. 석호사지는 현 녹차 휴게소 정북방 400m에 있었다. 확인 결과 석호사지 주변에는 지금도 야생차가 많이 자라고 있다. 그러나 석호사지 주변에 명문대가의 묘가 있어 외부인의 출입이 어렵게 되어 있다.

369년 복홀군 편입 당시 인정받은 토산품이라면 보성 복홀차의 차시배(茶始培) 시기는 369년보다 훨씬 그 이전이었을 것이다.[66]

최소 몇 백 년의 세월이 흘러야 토산품이라고 부를 수 있을 것이다. 그래서 조심스럽게 김일제의 투국이 만들어진 B.C. 1세기 전까지 올려서 생각해 볼 수 있으면 신나라 왕족 왕망의 후손들이 한

---
66) 우리나라 최초 공납차 복홀차(伏忽茶) 작성자, 상선약수.

석호사지 주변 전경

반도를 도래한 1세기 초나 늦어도 역사적으로 서기 48년 허황후가 영암 상대포를 통해 한반도에 도착한 시절에는 복홀차가 재배되었을 것으로 생각된다. 또한 석호마을 석호 회관에서 720m 지점인 화방리 188-1번지에는 백제 절터 원당사지(元堂寺址)가 있어 이곳에는 지금도 야생차들이 자생하고 있다.

3) 한국차박물관

보성녹차를 이해하기 위해서 보성에 있는 한국차박물관 방문을 추천하고 싶다. 한국차박물관은 한국 최초, 최대 박물관으로 차의 주산지인 보성군 보성읍 봉산리에 있다. 1층은 차 문화관, 2층은 역사관, 3층은 차 생활관으로 구성되어 있으며 차를 이해하고 배

우는데 가장 체계적인 교육 장소라 강력히 추천하고 싶다. 특히 이곳에는 보성을 상징하는 득량 다전 마을의 430년 된 이순신장군 고차수차, 350년 된 대원사 대길상 천봉떡차, 보성읍 몽중산다원 내에 있는 250년 된 고차수차에 대한 자세한 설명이 있다. 일제강점기에 일본인들에 의해 녹차 종인 야부기다와 인도산 홍차 종인 베니오마레 등이 다수 심어졌으나 해방 이후 보성 농업기술연구소 등에서 녹차 자생종 25종을 만들어 보성 일대에 널리 보급하여 지금은 대부분 품종이 녹차 종으로 개량이 되었다고 한다.

보성 한국차박물관

제11부

복호차 2길 전남 강진

11
복호차 2길 전남 강진

　이능화의 〈조선불교통사〉(朝鮮佛敎通史)에 가야차 전래에 대해 '김해의 백월산에는 죽로차가 있다. 세상에서는 수로왕의 부인 허씨가 인도에서 가져온 차씨라고 전한다'[67]고 기록하고 있으며 한국 차 문화 협회에서는 가락국 수로왕비 '허왕후가 인도 아유타국에서 가야에 시집올 때, 옥함에 차 씨를 넣어 와서 명월산(明月山)에 차 씨를 심게 했으며 차 재배 전담을 두고 차를 궁중에 바쳤으며 이 차는 고구려, 백제, 신라는 물론 왜까지 알려져 왜가 차 씨를 구해 갔다.'고 주장하고 있다.

　인도 아유타국-갠지스 강의 상류인 사라유 강의 왼쪽 언덕에 있는 지금의 아요디아(Ayodhya)는 오래전부터 차 문화가 발달하여 있다. 녹차가 생산되자 왕후는 녹차를 가지고 성찬식을 행하는데 이것이 우리나라 차례의 시작이다. 차례는 다른 말로 다례(茶禮)인데 바로 성찬식이었지만 오늘날의 다례는 불교계가 주도하고 있어 많이 변질이 되었다. 그러나 일본으로 넘어간 다례는 지금도 성찬식의 모습으로 남아있다. 프란시스 사비에르(Francis Xavier 1506~1552)와 싸스페데스(Gregorio De Cespedes 1551~1611)

---
67) 金海白月山有竹露茶 世傳首露王妃許氏 自印度持來之茶種

일본다도는 성찬식

등이 기록한 일본 선교의 역사기록에서 다도의 시작이 성찬 의식이었다고 증언하고 있다.

그들은 기록하기를 "400년 전 일본의 그리스도인들은 박해를 당하고 있을 때 누군가의 생일잔치로 가장해서 기독 신자들의 모임을 하는 기록을 볼 수 있다. 그들은 매 주일 성찬식 이외에도 다도를 가장하여 서로 모여 예배를 드린다. 경찰이 이상히 여겨 급습해 오면 생일잔치를 가장하여 노래를 부르며 성경을 감추고 준비해 둔 과자와 차를 나누었다. 더더욱 놀라운 사실은 센노리큐의 다도는 성찬식에서 비롯되었다고 한 것이다. 이 경우 차는 예수님의 피로, 과자는 예수님의 살을 상징하였다. 일본 기독교의 박해가 심할 때 이들은 차 모임을 통해 밖으로는 다도모임, 안에서는 성찬식이 있는 예배로 드려진 것이다." 이후 녹차는 많은 사람에게 나누어졌고 마시게 하면서 복음을 전하였다. 성찬식은 도마가 늘 행하던 예식이었다. 도마는 세례를 받은 사람들에게 반드시 성찬식을 행하였으며 성찬식을 통해서 말씀을 전하였다.

아울러 녹차를 마시기 위한 그릇을 만들게 하였다. 이로써 다기(茶器)의 생산이 이루어지게 되어 다기(茶器) 발전에 큰 역할을 하여 많은 도공(陶工)이 나타나게 되었다. 이로써 가야의 전 지역에서 많은 토기가 발견되는 것도 다기를 만들면서 시작되었을 것이다. 그리고 그 토기들이 마치 제기와 같은 형태를 띠고 있는 것은 이런 그릇들이 성찬식 때 사용되기 위해 만들어졌기 때문이었을 것이다. 도마의 전도를 받은 가야의 사람들은 모이면 성찬식을 행하였을 것이며 성찬을 하면서 그들은 하나님을 기억하며 기도하고 묵상하며 말씀을 나누었을 것이다. 이런 예배의 모습이 세월이 흘러 가야가 망하고 불교가 들어오면서 변질하였지만, 일본으로 들어간 성찬식의 모습은 계속 이어지면서 다도의 모습으로 자리매김을 하였으리라 생각된다.

이상의 기록만을 따르자면 A.D. 48년경에 한반도에 도착한 허황후가 김해 백월산에 심은 죽로차가 한반도 차의 조상인 셈인데 사실은 그렇지 않다. 삼국사기의 시조 혁거세거서간 편에서 기원전 20년에 "이보다 앞서 중국 사람들이 진(秦)나라의 난리를 견디지 못하여 동쪽으로 온 자가 많았는데 대부분 마한 동쪽에 자리 잡고 진한 사람들과 섞여 살더니 이때 이르러 점점 번성해졌다."라고 기록하고 있다. 더하여 최치원은 "진한은 본래 연(燕)나라 사람들이 피난해 왔던 곳이라고 했다"라고 기록했다. 더욱더 놀라운 기록은 "중국의 서북부의 천산산맥(天山山脈) 북쪽에[68] 스스로 진제국(秦帝國)의 후손을 자처하는 궁월왕국(弓月王國)이 있었는데 이들은 원래 북 왕국 사마리아 제국의 갓지파, 르우벤지파, 므낫세지파 사람들이 세웠다. 후에 서로마 제국의 탄압으로 예루살렘에서 도망쳐온 그리스도인들과 합류한 나라였는데 진시황제 때부터 시작된 만리장성의 고역을 피하여 한반도 남부에 이주하여 진한(秦韓)이나 변한(弁韓)을 세운 사람들이다. 이들이 후에 궁월군의 인솔로 백제에서 일본으로 넘어가서 귀화한 하다[69]씨 가문[70]으로써 고대 일본에서 크게 산업을 일으키고 고대 일본의 기초를 세운 사람들이다."[71]라고 기록하고 있다. 이러한 기록을 종합해 보면 역사적으로 잘 알려 있듯이 중국을 처음 통일한 진시황은 동이족이며,

68) 천산산맥 북쪽과 발가쉬 호수의 남쪽인 이리강(Ili River) 지역.
69) 秦자를 일본어로 하다라고 발음.
70) '우즈마사'(太秦)라는 지명은 하다씨를 일컫는 말로 太秦이라고 쓰지만 이들이 와서 교토에서 당시엔 선진 문물인 양잠기술을 전해주었으므로 비단을 짜서 비단이 산처럼 쌓여 있다는 의미로도 불렀다. 이들은 이뿐 아니라 5세기 무렵 가츠라강에 가도노 대 제방을 쌓아 이 일대를 농경지로 만들었다고 한다.
71) 일본인 학자 구자력(久慈力), "シルクロード渡來人が建國した 日本"

디아스포라 유대인 후손이다. B.C. 206년 진나라 멸망 이후 진나라 후손들은 중국 각지로 안전한 곳을 찾아 떠나 숨게 되었는데 그 중에 한 곳이 진한과 변한이라고 설명할 수 있겠다. 대륙을 출발한 진의 디아스포라들이 가장 안전하고 손쉽게 도착할 수 있던 곳이 영암의 상대포구이다. 또 한 가지 이를 뒷받침해 주는 자료가 B.C. 100년부터 서기 23년까지 존재한 투국과 신나라의 존재이다. 투국은 김일제에 의해 새워진 제후국으로 나중에 후손 김당이 사촌 왕망과 함께 신나라를 세운다. 신나라는 대륙의 한나라를 멸망시키고 나중에 신라 건국의 중요한 터닝포인트가 된다. 그리고 김일제는 천산산맥 인근 감숙성에 살던 후도왕의 태자로 이분 또한 디아스포라인 셈이다. 이러한 연관성으로 투국은 페니키아인들이 주로 사용했던 해상 실크로드를 이용하여 엄청난 부를 이루게 된다. 이때 사용한 항로가 중국 항주와 상대포 등 남해안 인근을 이어가는 항로였는데 이 항로는 나중에 도마와 허황후가 이용했을 것으로 생각된다. 이상의 이야기를 종합해 보면 차는 허황후 이전에 우리나라에 이미 들어와 심겨졌을 것이다. 그 장소는 전라도 보성 강진 등지가 아니었나 생각해 본다. 특히 보성의 복홀차는 369년 근초고왕 시절에 이미 공납차가 되었으며 234년 백제 고이왕이 차 생활을 한 것으로 기록이 남아있고 복홀차 이전에도 복호차 등이 존재한 것 등을 이유로 한국 최초의 차 재배는 보성과 강진에서 이루어졌다고 생각한다. 그리고 이 차는 단순히 한반도 내에서만

유통된 것이 아니라 왕인 박사가 그러했듯이 일본으로 전파된 것이다. 이러한 강진 해남 보성지역의 차 문화는 고려 시절까지 남아 찻잔을 중심으로 고려청자라는 걸작품을 만들어 내었다. 조선 이후 한국에서 없어진 차 문화를 다산 정약용, 초의선사 등이 중심이 되어 다신계를 만들어 한국 차 문화의 화려한 부활을 일구어내었다.

1) 강진 고려청자박물관

전라남도 강진군 대구면과 칠량면 일대에는 약 200여 개에 이르는 청자 도요지가 분포하여 고려청자의 시작부터 발전, 쇠퇴까지 한 눈에 살펴볼 수 있는 고려청자의 산실이자 보고라고 할 수 있다. 고려청자박물관은 1970년대 고려청자의 재현을 위한 고려청자사업소로 시작하여, 1997년 9월 강진 청자 자료박물관으로 개관하였다. 1999년부터 매년 특별전과 학술세미나, 공모전을 개최해오면서 유일무이한 청자 전문박물관으로 확고히 자리매김하였다. 2006년에는 강진청자박물관이라는 명칭으로 1종 전문박물관으로 등록하였고, 2015년에 고려청자박물관으로 명칭을 변경하여 고려청자를 대표하는 박물관으로 발전할 수 있도록 최선을 다하고 있다. 강진청자박물관은 섬세하고 정교한 고려청자 제작 기술을 볼 수 있는 유물 전시, 직접 흙을 빚어 촉감으로 느끼는 빚기

체험, 그리고 현대 디지털 기술로 재탄생한 콘텐츠 전시 등 고려청자의 과거, 현재, 미래를 한 곳에서 체험할 수 있는 곳이다.[72] 고려청자는 고려시대에 만들어진 푸른빛의 자기를 통틀어 이르는 말이다. 고려 시대에는 청자를 사기(沙器・砂器), 청자(靑瓷), 녹자(綠瓷), 청도기(靑陶器) 등 여러 가지 이름으로 불렸으며, 차츰 청자라는 이름을 정리되었다. 그릇의 표면에 입혀진 유약의 푸른빛에 따라 청자라고 이름이 붙여졌지만, 실제로 청자의 색은 제작 기술의 발전 정도나 품질, 청자를 생산한 지역의 흙 성분, 번조 온도, 특히 가마 안의 산화(酸化)・환원(還元)의 번조 분위기에 따라 담청색, 담녹색, 회녹색, 청회색, 녹황색, 녹회색, 녹갈색, 담황색 등 매우 다양하게 나타나게 된다. 가장 잘 만들어진 청자의 푸른색은 비취옥의 색과 비슷하여 비색(翡色)이라고 불렀으며, 처음으로 청자를 만들었던 중국인들도 '천하제일'이라고 칭송할 정도였다. 고려청자는 우리 선조들의 높은 과학기술과 문화적 역량, 예술혼이 고스란히 담겨 있는 고려 시대를 대표하는 문화유산이다. 고려청자는 고려 시대 9~10세기경 중국 절강성의 자기 제작 기술에 영향을 받아 최초로 제작되었다. 고려 초기에는 차를 마시기 위한 청자완이 가장 많이 제작되었다.

　다산의 정신이 깃든 사의재에서는 해마다 헌다례 행사가 진행

---

72) 고려청자박물관 소개 참조.

고려청자박물관

되고 있다. 사의재(四宜齋)는[73] 다산 정약용이 1801년 강진에 유배 와서 처음 묵은 곳으로, 주막집 주인 할머니의 배려로 골방 하나를 거처로 삼은 다산이 몸과 마음을 새롭게 다잡아 교육과 학문 연구에 헌신키로 다짐하면서 붙인 이름으로 "네 가지를 옳게 하는 집"이라는 뜻을 담고 있다. 다산은 생각과 용모와 언어와 행동, 이 네 가지를 옳게 하도록 자신을 경계하였다. "생각을 맑게 하되 더욱 맑게, 용모를 단정히 하되 더욱 단정히, 말을 옳게 하되 더욱 바르게, 행동을 무겁게 하되 더욱 무겁게" 할 것을 스스로 주문하였다. 사의재는 동천정을 포함하여 모두 갈대로 엮은 초가 이엉이 특색이며, 전통방식의 소박한 나무다리와 수 공간을 가로질러 주

---

73) 강진군 사의재 한옥체험관 참조.

사의재

막 채로 향하는 길, 고즈넉한 옛 모습의 토석 벽과 동네 어귀에서 집 안이 보일 듯 말 듯 집집마다 둘러쳐진 낮은 돌담길, 전통적인 연못 등을 조성하여 이곳을 찾는 이의 향수를 불러일으키는 장소이다.

동천정의 현판은 "동문샘의 정자"라는 뜻으로 다산 선생의 제자인 황상의 글씨체를 집자했다. 그리고 또 한 곳 가보아야 할 곳이 주막집 "동문매반가"이다. 주인 할머니의 배려로 유배봇짐을 풀고 골방 하나를 거처로 삼은 다산 선생이 마음을 새롭게 다잡아 교육과 학문연구에 헌신키로 다짐하게 되어 조선 실학의 대가로 거듭나게 된 데는 주인 할머니의 공이 크다 할 수 있다. 그 뜻을 기리고자 강진군에서 사의재 복원과 함께 당시 주막을 재현하고자 이곳을 현대판 주모와 현대판 파전, 동동주 등의 토속적인 음식을 판매하는 주막으로 운영하고 있다.

2) 다산 초당

 다산이 1801년 신유사옥으로 경상도 장기로 유배되었다가 황사영 백서사건으로 다시 강진으로 유배되어, 강진 유배 18년 중 처음 8년은 강진읍 동문 주막 사의재에서, 고성사의 보은 산방, 제자 이학래 집 등에서 보낸 후 1808년 봄에 다산초당으로 거처를 옮겨 유배가 해제되던 1818년 9월까지 10여 년 동안을 다산초당에서 생활하면서 제자들을 가르치고 저술을 하였으며, 다산의 위대한 업적이 대부분 이곳에서 이루어졌다. 다산초당은 강진만이 한눈으로 굽어보는 만덕산 기슭에 자리하고 있다.
 목민심서, 경세유표, 흠흠신서 등 600여 권에 달하는 조선조 후기 실학을 집대성하였던 곳이다. 현판에 판각된 '다산초당'이란

다산 초당

글씨는 추사 김정희 선생의 친필을 집자해서 모각한 것이다. 다산 초당 외에 다산 선생이 거처하였던 동암, 제자들의 유숙 처였던 서암, 다산이 시름을 달래던 장소에 세워진 정자 천일각 등의 건물과 '다산 4경'이라 부르는 "丁石"이라는 글자를 직접 새긴 정석 바위, 차를 끓이던 약수인 약천, 차를 끓였던 반석인 다조, 연못 가운데 조그만 산처럼 쌓아 놓은 연지석 기산 등의 유적이 있다. 다산초당을 비롯하여 이곳의 다양한 유적을 정약용 유적으로 통합하여 사적 107호로 지정하여 보호하고 있다. 특히 다산은 손수 정차라는 약차를 만들어 드셨는데 이 정차는 나중에 청태전과 더불어 강진을 대표하는 약차가 되었다.

3) 해남 대흥사 일지암[74]

대흥사 일지암(大興寺一枝庵)은 초의선사가 39세인 1824년(순조 24)에 중건하였으며, 1866년(고종 3) 81세로 입적할 때까지 지냈던 곳으로 알려져 있다. 초의선사는 한국의 다성으로 추앙받는 분으로 1828년 지리산 칠불암에 머물면서 차서(茶書)인 다신전을 저술하기도 하였다. 다신전은 20여 가지 목차로 구성되어 있는데 내용은 찻잎 따기, 차 만들기, 차의 식별법, 차의 보관, 물을 끓이는 법, 차를 끓이는 법, 차를 마시는 법, 차의 향기, 차의 색 등을

---

74) 한국학중앙연구원 – 향토문화전자대전 참조.

상세하게 다룬 책이다. 또한, 초의선사는 1833년 일지암에서 동다송을 저술하는데 주요 내용은 우리나라의 차의 품질이 우수함을 칭송하고 있다. 또한 초의 선사는 추사 김정희의 친구였고, 남종화 대가인 소치 허련의 스승이었다. 강진으로 유배온 다산 정약용과도 교류했다.

다산과 함께 월출산에 오르기도 했으며, 다산이 해배되어 강진을 떠난 후 다산의 제자들은 다신계(茶信契)를 결성해 스승한테 차를 보내므로 다산과 더불어 차문화를 부흥시킨 셈이다. 또한 초의선사는 선다일여의 가풍(家風)을 드날리었다. 당시 대둔사[대흥사] 가까이 있던 다산 정약용, 추사 김정희 등 유명한 다인(茶人)들이 초의와 차를 통하여 교유하였다. 다산은 강진에서 18년간 유배 생

일지암과 자우산방

활을 하는 동안 대흥사와 깊은 인연을 맺었다. 추사 또한 제주도에서 귀양살이하게 된 까닭에 대흥사와의 관계를 맺게 되고 초의와도 친교를 가졌다. 이런 까닭으로 19세기 초 대둔사를 중심으로 다도는 다시 한번 중흥을 이루게 된다. 초의선사가 입적 후 화재로 인해 폐사지로 남아있던 일지암은 1979년 승려 응송과 낭월이 일지암의 터를 확인하여 중건하였다고 한다.

또한 '일지암'이라는 편액이 걸린 초정(草亭)은 1980년 한국다인회 회원들이 다도의 중흥조 초의가 기거했던 일지암을 기념하기 위해 복원한 것이다. 일지암은 우리나라 다문화의 성지이자 조선 후기 예술과 문화의 산실로 평가되고 있다. 일지암 본당은 자우산방, 초정이 있다.

초정은 가운데에 방 한 칸을 두고 사면에 툇마루를 두른 약 4평

강진 백운동 원림

규모의 띠집이다. 본당은 윗 연못에 평석을 쌓아 올린 4개의 돌기둥이 누마루를 받게 하여 독특한 운치를 자아내는 부속채 건물이다. 규모는 누마루 포함 3칸이며, 형태는 방고 부엌을 'ㄱ'자로 꺾어 세운 기와집이다. 자오산실은 차실로 초의선사의 영정이 걸려 있으며, 다양한 소품으로 꾸며져 있다. 차나무가 정자 앞에 심겨 있고, 선다를 음미하였던 다정(茶亭)이 있다. 집 뒤의 바위 틈새에서 솟는 물이 나무 대롱에 연결어 흐르는 다천(茶泉)과 차를 끓이던 돌 부엌 그리고 위아래의 연못과 좌선석(坐禪石) 등은 옛 모습대로 복원된 것이다. 대흥사 일지암은 매년 음력 8월 1일 초의의 추모 행사인 초의제를 거행하고 있다.

4) 강진 백운동 원림정원

백운동 원림은 2019년 4월에 명승으로 지정됐다. 담양 소쇄원, 보길도 세연정과 더불어 호남의 3대 정원이라고 불린다고 한다.[75]

이곳은 우리나라 최초의 차 브랜드인 백운옥판차의 정체성이 담긴 곳이다. 정약용과 초의선사의 맥을 이어온 또 한 명의 차인이 이한영 선생이다.

이한영 선생은 다산의 마지막 제자인 이시헌의 후손이다. 이시헌은 우리나라 최초 차 전문서적인 동다기를 필사 기록으로 남겼고,

---

75) 백운옥판차, 우리나라 최초 차(茶) 브랜드를 찾아 가는 길.

이러한 인연으로 다산의 제다법이 이한영에게 전해져 일제강점기에 우리나라 전통 차의 맥을 백운옥판차로 이었다. 백운옥판차는 강진의 명차 중 하나로 백운동 옥판봉에서 딴 찻잎으로 만든 우리나라 최초의 시판 차이다.

백운동원림 국가지정문화재
https://images.app.goo.gl/VdpqJR3WD3DUjPE78

제12부

복호차 3길 경남 하동

12
복호차 3길 경남 하동

다음으로 우리가 알이랑 순례길을 떠날 곳은 복호차 3길 경남 하동이다.

삼국사기의 기록에 의하면 "서기 828년 신라 흥덕왕 3년 당나라에서 돌아온 사신 대렴공이 차 종자를 가지고 오자, 왕이 지리산에 심게 하였다." 지리산 쌍계사 입구에 있는 대렴공추원비에는 지리산 쌍계사가 우리나라 차의 시배지라 적혀 있다. 아직도 하동에선 매년 2,000여 농가가 1,000ha정도의 차밭에서 녹차 2,500t 정도를 생산한다. 전국 생산량의 25% 정도이다. 기업형 6개 등 127개 가공업체가 주로 하동수제녹차를 생산한다. 전통 차농업은 2016년 3월 국가중요농업유산에 이름을 올렸다.

1) 하동 쌍계사 차나무 시배지

하동 쌍계사 차나무 시배지는 1983년 8월 6일 경상남도 기념물 제61호로 지정되었고 2008년 7월 공식적인 차시배지로 등록되었다.

이곳에는 대렴공 차시배 추원비, 진감선사 차시배 추앙비 및 고산선사의 음다송 조형물과 안내판이 세워져 우리나라 차의 본고

대렴공 차시배 추원비

장임을 인증하고 있다. 쌍계사 차는 대나무의 이슬을 먹고 자란 잎을 따서 만들었다 하여 죽로차라고 한다. 하동지역에서는 가락국 수로왕비 허황옥이 차의 종자를 가져왔다고 하나, 역사적 기록으로는 《삼국사기》에 따르면 828년 대렴(大廉)이 당나라에서 차의 종자를 가져와 왕의 명으로 지리산 일대에 처음 심었고, 830년부터 진감선사(眞鑑禪師)가 차를 번식시켜 차의 보급이 본격화하였다. 지금도 화개장터 입구에서 쌍계사를 지나 신흥에 이르는 양쪽 산기슭에는 야생의 차나무밭이 12㎞나 뻗어 있다. 인공의 차밭도 29ha나 조성되어 있으며 연간 2.5톤의 차가 생산된다. 화개면 운수리 인근 정금리에는 우리나라에서 가장 오래된 큰 차나무가 있다. 하동군에서는 그 주변에 '하동차문화센터'를 건립하고 해마다 '하동 야생차 문화 축제'를 개최하여 하동 차를 널리 알리고 있다.[76] 차는 곡우 무렵부터 찻잎을 따기 시작하여 5월, 7월, 8월 세 차례에 걸쳐 수확한다. 차의 품질은 대개 찻잎을 따는 시기와 가공 방법에 따라 정해지는데, 곡우에서 입하 사이에 딴 세작을 최고로 치고 있다. 우전, 세작 등 고급 녹차 생산액이 전체의 95%를 차지하고 있다. 다선 초의선사의 동다송에서 지리산 화개동에는 차나무가 사, 오십리에 뻗어 자라고 있는데 우리나라에서 이보다 넓은 차밭은 없다고 기술하고 있다. 또한 다경에 이르기를 차나무는 바위틈에서 자란 것이 으뜸인데 화개동 차밭은 모두 골짜기와 바위틈이다'라며 하동 야생차를 극찬하였다. 지금도 하동 화개면은 흥덕왕이 지리산에 심을 것을 명한 1,000년 고차수의 후손들이 남아 있다. 하동의 왕의 녹차는 이 1,000년 야생 고차수로 만든 하동차를 상징하여 붙여진 하동차의 브랜드이다.

2) 하동녹차연구소

하동녹차연구소는 경상남도 하동군 화개면 부춘리에 있는 녹차 전문 연구소이다. 2005년 9월 9일 하동녹차연구소 설립 추진위원회를 구성하였고, 2006년 1월 17일 법인 설립 발기인 대회를 개최했으며, 3월 21일 산업자원부에 재단 법인 설립 신청을 하

---

76) [河東雙磎寺茶—始培地] (한국향토문화전자대전) 참조.

하동녹차연구소

여 4월 5일 허가를 받았다. 2007년 6월 30일 연구소를 준공했다. 2008년 12월 23일 하동녹차 공동 가공 공장을 인수하였고, 7월 1일 지식경제부 주관 지역 연고 산업 진흥 사업[RIS]으로 명품 하동녹차 활성화 사업이 선정되었다. 2009년 10월 12일 하동녹차연구소 가공 공장을 개소했으며, 2009 국가 연구 개발 우수 성과 100선에 선정되었다. 하동녹차의 과학적 연구를 통해 녹차산업의 부가가치를 창출하고 지역경제를 활성화하는 동시에 하동녹차의 차별화를 통한 세계적 명차 육성을 위해 노력하고 있다. 사업목표는 녹차의 과학적 연구를 위한 인적, 물적 인프라 구축, 식품과 의약품 및 기능성 소재 개발 등 혁신적 기술개발을 수행하여 지역경제 발전에 이바지하는 것이다. 하동녹차연구소는 다양한 녹차응용제

품 개발을 통하여 녹차 생산업체 및 가공업체의 새로운 수익창출에 기여하고 있다.[77] 뿐만 아니라 하동녹차연구소를 중심으로 녹차 신품종 32가지를 육묘에 성공하여 하동 차 농가를 중심으로 하동 등지에 심고 있으며, 질 좋은 하동말차를 만들고자 연구와 기술이전에 박차를 기하고 있다고 한다.

3) 하동야생차박물관

대한민국 경상남도 하동군 화개면에 있는 차 전문 박물관으로 2017년 3월 개관하였다. 2003년 4월 개관한 차문화전시관, 2005년 5월 증축 후 재개관한 차문화센터가 그 전신이다. 박물관 건물은 지상 3개 층에 전시관과 체험관, 각종 야외시설을 갖추고 있다. 하동녹차와 국내·외 차문화를 소개하는 유물과 멀티미디어 자료를 소장 및 전시한다. 전시관 지상 2층에 있는 상설전시실은 녹차 알아가기, 왕의 차 하동차, 하동녹차 세계화, 하동의 명인들, 세계의 야생차/다구, 최치원 선생과 하동 6개 주제로 구성되어 있다. 녹차 알아가기 전시실은 녹차의 성장 과정과 제작과정, 효능 등의 정보를 3D 동작 인식 시스템을 비롯한 다양한 멀티미디어 자료를 통해 보여준다. 왕의 차 하동차 전시실에서는 조선 시대 왕실 진상품이었던 하동 녹차를 주제로 한 만화를 관람할 수 있다.

---
77) 차생활문화대전, 2012.7.10, 정동효, 윤백현, 이영희 참조.

하동야생차박물관

하동 녹차 세계화 전시실에서는 하동 야생차 재배와 관련된 영상이 상영된다. 하동의 명인들 전시실은 하동 야생차의 발전에 이바지한 인물들에 대한 소개와 그들의 수제차, 소장 다기 등을 전시한다. 세계의 야생차/다구 전시실에서는 하동군민들이 기증한 다구와 세계의 야생차 및 전통차 표본과 다구를 관람할 수 있다. 최치원 선생과 하동 전시실은 하동의 국보인 쌍계사《진감선사탑비(眞鑑禪師塔碑)》의 비문을 제작한 최치원(857~900)을 기념하는 서화 작품을 전시한다. 3층에 위치한 특별전시실에서는 도자, 차문화, 최치원과 관련된 주제로 특별전을 개최한다. 하동 야생차 박물관에서 눈여겨볼 것이 하나 있는데 허황후가 하동에 불교와 녹차를 전했다는 믿기 어려운 이야기이다. 하동 쌍계사 주변에 녹차가 잘 자라다 보니 그런 상상을 하나 보다.

  허황후를 우리나라에 불교를 가지고 온 사람으로 설정한다면 한국의 불교사는 완전히 새로 써야 한다. 불교가 최초로 우리나라 공인된 것은 372년이다. 신라는 이보다 150년 늦은 527년이다. 그리고 가야는 531년 금관가야, 562년 대가야가 신라에 병합되는 시기까지 불교를 믿은 적이 없으며 굳이 기록을 찾자면 풍류도[78]를 믿었다는 기록이 더욱 설득력이 있다. 허황후는 유대계 인도인 디아스포라이며 그의 신앙이 불교가 아니었음은 너무나 명백한데 우리 불교계에서는 좀 더 많은 연구가 필요하다.

---

[78] 풍류교(風流敎)의 산물로 풍류라는 말은 성령(聖靈)을 뜻하는 헬라어 퓨뉴마($\pi\nu\varepsilon\upsilon\mu\alpha$)에서 온 말이다. 고로 풍류교는 성령교라 할 수 있으며 도마의 전도를 받은 이서국의 청년들이 시작하여 가야를 거쳐 가야합병 후 신라에 들어가 신라 진흥왕 37년인 576년에 화랑도로 부활하였다. 한국고대사회문화연구(韓國古代社會文化硏究)를 쓴 정경희님은 김유신이 석굴에 들어가 빌었다는 삼국사기의 기록(삼국사기 권제41 열전제1)을 보고 김유신은 선가적(仙家的)일 것이라고 했으나 김유신은 기독교의 영향을 받은 금관가야의 마지막 왕인 구형왕(仇衡王:讓王이라고도 함)의 후예로 도마의 영향을 받은 신실한 기독교인이었다.

제13부

복호차 4길 경남 진주

13
복호차 4길 경남 진주

 태초의 인간은 자연과 모든 사물의 생과 사를 결정하는 것이 신이라고 생각했다. 이러한 경향은 동서양이 공히 중세에 이르기까지 절대자로서 신의 존재를 받아들였으며, 인간은 지극히 나약하고 유한한 존재이며 신의 가호에 의해 모든 것이 결정되기 때문에 신을 앙망의 대상으로 추앙하고 신에게 제사 드리거나 기도드리는 것을 당연한 인간의 도리로 생각했다. 특히 스키타이계의 유목민들은 이러한 제사에 신과 인간을 연결하는 제사장을 두었는데, 제사장은 황금빛 왕관을 쓰고 황금빛의 차를 만들어 신에게 제사를 지냈다. 이렇듯 차는 인간과 신을 이어주는 매개체이며 아직도 우

리 민족은 차례라는 말을 사용하고 있다. 이렇듯 차는 단순한 음료의 기능을 넘어 인간과 신을 이어주는 매개체로 시작되었다.

1) 오성다도(五性茶道)

차를 통해 도를 구하는 이다양성을 실천하고자 한 선각지기 한국 차 교육의 효시인 아인 박종한(亞人 朴鐘漢) 선생이다. 아인은 이 다양성을 위한 다섯 가지 원리로 오성다도를 만드셨다.

구 분	사유방법	다법분류
신성(身性)	논리적사유(論理的 思惟)	중정음다법(中正飮茶法)
영성(靈性)	신비적사유(神秘的思惟)	합장헌다법(合掌獻茶法)
족성(族性)	윤리적사유(倫理的思惟)	경의정진다법(敬義情進茶法)
개성(個性)	반성적사유(反省的思惟)	오감점다법(五感點茶法)
감성(感性)	감성적사유(感性的思惟)	상풍끽다법(賞風喫茶法)

가) 신성(身性)을 기르는 중정음다법(中正飮茶法)

산업의 고도화는 인간에게 물질적 풍요를 가져다주었지만, 정신적 여유와 안정을 빼앗아 갔을 뿐만 아니라 자연환경의 오염으로 인간의 건강과 신체를 기본으로 하는 신성(身性)을 앗아간 면도 적지 않다. 현대 산업사회는 구조적으로 사람들에게 물질적 부(富)를 강조하기 때문에 사람들은 대부분 시간을 부를 축적하는 데 소비한다. 따라서 물질적 부에 비해 정신적 부와 건강의 부를 가볍게 여기는 경향이 있어 상대적으로 삶의 질이 낮아지고 있다. 삶의 질은 건강한 정신과 평화로운 마음에 있고 이것은 건강한 육체의 토대 위에서 찾을 수 있다. 맑은 정신과 풍요로운 마음 그리고 건강한 육체를 영위할 방법으로 중정음다법(中正飮茶法)을 추천할만하다. 중정(中正)이란 한자에서 알 수 있듯이 정 중앙을 뜻하며, 어느 한군데로 치우침이 없는 몸과 마음의 중심(中心)을 뜻하는 것으로, 오감과 자연이 하나 되어 더하지도 덜하지도 않은 상태를 말한다. 이러한 중정을 위해서는 모든 물질세계의 질과 양을 비교하는 논리적사유(論理的 思惟)가 필요하다. 이러한 논리적 사유는 좋은 물과 양질의 차를 찾아 알맞게 끓여서, 몸과 마음 그리고 자연이 함께 조화를 이루어 나가는 세상을 만든다.

나) 영성(靈性)을 기르는 합장헌다법(合掌獻茶法)

지속적이고 온전한 차 생활은 인간의 사유의 폭을 다양한 신비적 사유(神秘的思惟)의 경지에 이르게 하며, 이러한 신비적 사유의 체험은 다시 인간으로 하여금 신(神)과 성령(聖靈)에 대한 감사와 헌다의 생활을 지속해서 유지하도록 영성(靈性)을 배양한다. 그리고 헌다를 할 때는 반드시 합장 및 공수를 하는데 그 이유는 지금까지 동서고금 어떤 종교를 보더라도 영과 대화를 할 때는 합장으로 예를 올려 왔다. 특히 합장헌다(合掌獻茶)는 생명의 수(水)로 차를 달여 올리고 이(理)의 영역인 오른손과 기(氣)의 영역인 왼손을 붙여 영(靈)과의 대화를 위해 합장하며 경건한 기도를 드리는 것으로, 각 개인은 자신의 종교를 영위하면서 진리를 추구해야 한다. 특히 기원(祈願)과 기념(祈念)이 포함된 기복 종교는 지양(止揚)하고, 항상 감사와 찬양(讚揚)으로서 기도하며 영성(靈性)을 길러야 한다. 특히 이러한 신에 대한 합장헌다(合掌獻茶)를 통해 인간의 영성과 신의 영성이 서로 교감하게 되며, 신에 대한 숭고하고 공경의 자세를 바탕으로 아욕(我慾)을 떠난 무아(無我)의 마음을 가지게 된다.

다) 족성(族性)을 기르는 경의정진다법(敬義情進茶法)

족성(族性)은 작게는 개인이 남과 더불어 사는 사회성을 의미하지만 크게는 민족성으로 확장되기도 한다. 이러한 족성은 개인적인 윤리적사유(倫理的思惟)를 통해 처음에는 만들어지지만 준 거적 집단행동으로 발전하여 마침내는 민족성으로 발전한다. 특히 우리 민족은 타민족보다 준 거적 집단화에 강한 특성을 가지고 있다. 그래서 경의정진다법으로 자주 차회를 하다 보면, 개인적이고 내면적인 경(敬), 의(義), 정(情)의 윤리적 사유가 공적이고 외형적인 공(恭), 예(禮), 온(溫)의 준 거적 집단성을 나타내며, 나아가서는 민족적 우수성으로 나타난다. 그래서 개인적으로 나를 낮추고 상대를 높이는 내적 마음인 경은 준 거적으로 상대를 우러러보는 자세인 공으로 나타나 결국엔 공경(恭敬)의 민족성이 되고, 개인적으로 옳고 바른 마음인 의(義)가 준 거적으로 상대에 대한 신의와 예절인 예(禮)로 나타나 예의(禮儀) 바른 민족성이 되고 마지막으로 개인적으로 따뜻한 마음인 정(情)이 준 거적으로 상대에 대해 따뜻하고 친절한 자세인 온(溫)이 되어 온정(溫情)이 많은 민족성으로 나타난다.

라) 개성(個性)을 기르는 오감점다법(五感點茶法)

점다법은 원래 말차의 다법이다. 우리나라의 경우 고려시대까지 유행했으나 조선 시기에 들어서는 사대부가 차보다 술로 차례를 지내므로 잊혀진 다법이다. 그러나 스님들을 중심으로 이어져 오다가 아인 박종한 선생에 의해 오성다도의 하나의 다법으로 전수되었다. 말차의 점다법은 한 사람 개인에서 나오는 자각적 사유를 통해 자기 성찰과 수양을 기본으로 한다. 점다(點茶)는 정좌(靜坐)를 기본자세로 호흡을 다스리며 정숙삼미(淸寂三昧)를 기본정신으로 한다. 사유에는 사유되는 대상이 있으면 반드시 사유하는 주체가 있다. 사유하는 자신을 대상으로 하는 것을 반성적사유(反省的思惟)라 한다. 반성적 사유를 위해 마시는 구도의 차를 명상차(冥想茶)또는 선차(禪茶)라 한다. 그래서 예로부터 구도자들은 차를 통한 구도의 방법으로 다도(茶道)라고 하는 말을 쓰곤 했다. 아마도 다도란 차 생활을 통해 생기는 오감의 만족뿐만 아니라, 감각의 절제를 통해 반성하는 사유를 위한 화두를 찾아간 것은 아닐까?

먼저, 차를 끓일 때 탕관에서 나는 천둥과 같은 물 끓는 소리에서 자연의 섭리를 자신에게 물어보고, 두 번째로 차를 우리는 다기의 다양성에서 인간의 삶의 다양성을 알아가고, 세 번째로 차를 우릴 때마다 다르게 느껴지는 변화무쌍한 탕 색에서 인간의 감정의 기복을 배워가고, 네 번째로 잎 따기 시기와 발효 정도에 따라 천차만별인 차의 향기에서 세월의 무게를 배워가고, 마지막으로 세상의 모든 과일을 닮은 다양하고 독특한 맛에서 인생의 희로애락을 알아간다.

마) 감성(感性)을 기르는 상풍끽다법(賞風喫茶法)

아인은 끽다(喫茶)에 대하여 다음과 같이 말하였다. 하늘과 땅 사이에 본래 문이 없으니 여기저기 마음대로 소요하면서, 풍류를 즐기며 차를 마시니 몸과 마음이 신선으로 승화되었네.(無門天地 逍遙遊 賞風喫茶昇華仙)

인간은 감성적사유(感性的思惟)를 하는 감각체이다. 그래서 다인들은 다예(茶藝)에 대한 심미적(審美的) 지식을 자극함으로 감성을 배양한다. 그리고 인간은 의식주가 해결되고 생활이 안정되면 행복한 삶을 추구한다. 그러나 행복한 삶의 조건이나 기준은 시대에 따라, 사회에 따라, 사람에 따라 다르다. 그것은 크게 물질적인 쾌락과 정신적인 안락, 또는 외면적인 성공과 내면적인 만족으로 나누어 생각할 수 있다. 그러나 보편적으로 인간이 누리는 최고의 행복은 문화를 누리는 것이다. 그러나 문화적 생활은 어느 정도의 지적 수준을 전제로 해야 하고, 심미적 경험을 통한 지식체계의 기반이 필요하다. 그래서 진정한 다인은 차 도구, 차실, 차정원, 차 문학에 대한 지식을 두루 터득하고 차생활을 통하여 풍류[79]를 길러야 한다.

2) 진주성 촉석루

진주 촉석루(晋州 矗石樓)는 경상남도 진주시 본성동, 진주성 내

---

79) 우리나라 풍류라는 단어의 시작은 화랑도에서 찾을 수 있다. 기록상으로는 이 서국의 청년들이 시작하여 가야를 거쳐 가야 합병후 신라에 들어가 신라 진흥왕 37년인 576년에 화랑도로 부활하였다. 한국고대사회문화연구(韓國古代社會文化研究)를 쓴 정경희님은 김유신이 석굴에 들어가 빌었다는 삼국사기의 기록(삼국사기 권제41 열전제1)을 보고 김유신은 선가적(仙家的)일 것이라고 했으나 김유신은 기독교의 영향을 받은 금관가야의 마지막 왕인 구형왕의 후예로 도마의 영향을 받은 신실한 기독교인이었다고 한다. 이를 뒷받침하는 기록이 풍류라는 말은 성령(聖靈)을 뜻하는 헬라어 퓨뉴마($\pi\nu\varepsilon\upsilon\mu\alpha$)에서 온 말이다. 특히 일본다도의 시조 센노리큐는 일본다도의 시작이 화랑의 풍류도에서 영향을 받았다고 한다.

진주성 촉석루

에 자리 잡은 누각이다. 남강 변 절벽 뒤편에 있는 촉석루는 진주성의 남쪽 장대로서, 군사를 지휘하는 사람이 올라서서 명령하던 대이기도 했다. 1365년에 처음 건립되었으며, 세운 후 7차례의 중건과 보수를 거쳤다. 그 뒤 한국전쟁 때 불타 없어졌다가 1960년 진주 고적보존회에서 재건하였으며 앞면 5칸·옆면 4칸이다. 1948년에 국보로 지정되었으나 1950년 한국전쟁 때 또 한 번 소실되었으며, 지금 남아있는 것은 한국전쟁 때에 불탄 것을 1960년 진주 고적보존회가 시민의 성금으로 새로 건축한 것이다. 대한민국의 인간문화재였던 임배근이 공사 총책임을 맡았다. 1983년 7월 20일 경상남도 문화재자료 제8호 촉석루로 지정되었다. 1593년 7월 29일 제2차 진주성 전투 때 왜군의 파상적인 공격으로 진주성 동문이 무너지자, 김천일, 최경회, 이종인 등은 이곳에 모여서 결사 항전하였으나, 모두 전사하거나 남강에 뛰어들어 자결하였다. 승리한 왜군이 촉석루에서 승전 연을 벌일 때 논개가 촉석루 앞의 의암에서 왜장을 끌어안고 강으로 뛰어들었다고 해서 유명하다.

이러한 진주대첩의 숭고한 역사를 가진 촉석루가 1981년 5월 25일 극일을 외치며 한국의 차 문화 발전을 위해 한국 차인회 주관으로 '차의 날'을 선포하게 되었다. 이날 아인은 차의 날 제정의 이유를 직접 작성하고 그 선언문을 선포하였다. 아인은 그에 대한 이유를 다음과 같이 설명하고 있다. 당시 우리나라 국민들은 우리나라에 녹차가 있다는 것을 잘 모르고 있었을 뿐만 아니라 녹차를 마시는 사람도 차를 단순한 음료로만 생각하고 차와 관련된 예절이나 차를 통한 정신 수양 또 차와 관련된 예술 부분 등의 차 문화에 대해서는 인식이 없는 상태였다. 그래서 차의 날을 통해서 전통 차 문화를 이해시키고 차를 통하여 건전한 국민성을 배양하는 국민운동으로 승화시키는데 그 뜻이 있었다.[80]

3) 국립진주박물관

국립진주박물관은 임진왜란과 관련된 동아시아의 사회와 역사, 경남의 역사와 문화를 종합적으로 연구, 전시, 교육하고 있다. 임

---
[80] 사단법인 아인 박종한선생기념사업회 창립총회지.

진왜란 관련 박물관답게 임진왜란 기록이 매우 많다. 1600년에 그려진 도요토미 히데요시(豊臣秀吉, 1537~1598)의 초상이 우선 있다. 키가 작고 못생겼다고 알려졌으나, 이 그림에서는 위엄 있는 인물로 묘사되어 있다. 그가 죽은 후 에도시대 초기까지 다이묘나 절·신사에서 그의 초상을 많이 제작하여 주로 예배용으로 많이 사용하였다.

다음이 징비(懲毖)록이다. 류성룡이 "미리 징계하여 후환을 경계한다."라는 의도에서 자신이 겪은 임진왜란의 원인과 7년간의 전황을 자세하게 기록한 책이다. 임진왜란 당시 그는 영의정과 도체찰사로 근무와 국정 운영을 총괄하는 최고 책임자였다. 류성룡은 이 책에서 임진왜란을 일본이 조선과 중국을 모두 침략한 동아시아 전쟁으로 파악하였다. 특히 징비록은 근세 일본인들에

국립진주성박물관

게 임진왜란을 알려 주는 주요한 사료로 인식되어 많이 인용되었다.

다음은 평양성 전투도이다 조·명 연합군이 1593년 1월 일본에 빼앗겼던 평양성을 탈환하는 모습을 그린 그림이다. 조선군은 왼쪽 끝에 5명이 그려져 있다. 평양성 안에는 성을 점령한 일본 장수 고니시 유키나가가 보고를 받는 모습과 일본군들이 명군을 향해 조총을 쏘고 칼과 창을 휘두르는 장면들이 묘사되어 있다. 명군은 이여송(李如松), 양원(楊元), 장세작(張世爵) 등의 장수를 앞세우고 말을 타며 활기차게 나아가고 있다. 또한, 화포부대를 이끌었다고 알려진 낙상지(駱尙志)는 한 손에 화포를 들고 다른 한 손에는 일본군을 매달고 가는 모습으로 묘사되어 있다. 다음은 정유재란 개전 명령서이다.

1597년 2월 도요토미가 다시 조선을 침략하면서 구체적인 작전 명령을 하달한 문서이다. 이 문서에는 일본군을 부대별로 배치하고, 조선에 쌓아놓은 왜성에 각 다이묘를 배치하라는 명령이 들어 있다. 또한, 전라도를 남김없이 철저히 공략하고 군사 행동이 끝난 후에는 거점 성을 지을 장소를 논의할 것을 당부하며 기필코 명까지 공략할 것임을 밝히고 있다.

4) 고대 유물과 가야 유물관

박물관의 1층에는 고대 유물들과 가야 유물들이 전시되어 있다. 붉은색 토기와 검은색 토기를 한자리에서 볼 수 있도록 전시된 전시관에는 가야 시대의 도기를 볼 수 있는데 눈여겨 보아야 할 도기들은 이형 도기와 굽 높은 도기들을 볼 수 있다. 또한, 가야 유물로서는 하나뿐인 가야 얼굴이 전시되어 있으니 유심히 살펴보아야 한다. 진주에서 출토된 가야 유물들은 고성박물관과 김해박물관에 전시되어 있고 진주에는 몇 가지 중요유물이 있을 뿐이다. 신석기나 구석기 유물은 청동기 박물관에 전시되어 있고 현대 역사를 보기 위해서는 혁신 도시 LH 안에 있는 진주토지 박물관에 가보아야 한다. 고대 박물관과 가야에 더 잘 알고 고대 박물관과 가야에 더 잘 알고 싶다면 경대 박물관에 가면 가야인들을 더 만나 볼 수가 있다.

가야의 얼굴 토기

가야의 토기

가야의 이형토기

진주성

제14부

복호차 5길 제주

14
복호차 5길 제주

대정추사관

    드디어 알이랑 순례길 마지막 코스인 복호차5길 제주에 도착했다. 제주는 우리나라에 보물과도 같은 곳이다. 서기 1세기 이전 부터 만들어진 강진, 보성, 하동의 차밭은 명실상부 한국 3대 차 생산지로 발전해 왔다. 그리고 또 하나 주목해야 할 곳이 제주이다. 제주는 1979년 아모레퍼시픽의 창업주인 서상환 회장에 의해 차나무가 심어진 이후 끊임없는 차밭을 개간하여 지금은 세계 제일의 차 생산지가 되었다.

1) 대정 추사관

　제주의 차를 이야기하면 추사 김정희와 초의선사와의 우정 그리고 세한도를 이야기하지 않을 수 없다. 먼저 1840년 추사는 제주도 서귀포시 대정읍으로 귀양을 오게 되고 9년간의 유배 생활을 한다. 이때 그의 유일한 즐거움이 차였다. 특히 초의선사가 만든 초의 차를 몹시 그리워하여 50여 통의 편지로 초의에게 차를 보내달라고 부탁하였고 초의선사는 인편으로 차를 보내거나 본인이 직접 제주를 찾아 추사와의 우정을 이어 나갔다.

　다음으로 국보 제180호 세한도는 1844년 차 심부름과 책 심부름을 마다하지 않은 제자 이상적에게 그려준 그림으로, 추운 겨울에도 푸르름을 유지하는 소나무처럼 시련 속에서도 자신을 지지해 준 제자에 대한 고마움을 표하기 위해 그린 작품이다. 이러한 김정

추사 김정희 유배지

희로부터 시작된 차는 지금 전 세계적으로 가장 많은 수확량을 나타내는 차의 생산지 제주가 되었다.

추사 김정희는 1840년 윤상도 옥사 사건에 연루되어 약 9년간 제주에서 귀양살이했다. 대정읍에 있는 추사관은 김정희 선생이 유배 생활을 하며 남긴 흔적을 모은 곳이다. 그가 살았던 초가집도 옛 모습대로 복원되어 있다. 추사관에는 김정희 선생이 쓴 현판 글씨와 아내, 지인들에게 보낸 편지 등이 전시되어 있다. 편지에는 유배 생활에 관한 이야기가 자세히 적혀 있어 당시 유배인의 생활을 엿보는 귀중한 자료가 된다. 고단한 유배 생활에도 그는 자신을 갈고닦으며 '추사체'를 완성하고 국보 제180호 '세한도'를 그렸다.[81]

2) 오설록티뮤지엄

특히 제주가 세계 제일의 차 생산지가 되는 데는 연평균 기온 14도 이상, 연간 강우량 1,600mm의 약산성 토양으로 차나무 재배의 최적지인 지리적 요건도 있지만 아모래퍼시픽 창업주인 서상환 회장의 노력을 인정하지 않을 수 없다.

아모래퍼시픽은 1979년 제주 서귀포시 안덕면 돌송이 차밭 부지

---
81) 제주관광정보센터 참조.

오솔록 다원

에 처음으로 차나무를 심고 1983년 제주 녹차 첫 수확물로 만든 설록차를 시작으로 서광다원, 한남다원을 차례로 개간하여 오늘날의 오설록의 신화를 만들었다. 2001년 9월 개관한 오설록티뮤지엄은 국내외 차 관련 물품과 박물관이며, 푸른 녹차 밭이 펼쳐지는 제주도 서광다원 입구에 있다. 동서양 전통과 현대가 조화를 이룬 문화의 공간이자, 자연 친화적인 휴식공간으로, 건물 전체가 녹차 잔을 형상화하여 만들어졌다. 녹차와 한국 전통 차 문화를 이해할 수 있는 학습 공간으로 설록차의 모든 것을 체험해 볼 수 있는 곳이다. 실내에 가득한 녹차 향과 통유리 너머로 보이는 푸른 녹차 밭이 마음을 편하게 만들어준다.[82]

---

82) 제주관광공사 참조.

3) 동굴의 다원 다희연[83]

다희연이 생산하는 제품은 국내 최고 수준의 친환경 유기농 녹차이다. 다희연 녹차는 국내 경쟁사 녹차와는 달리 화학비료와 농약을 전혀 사용하지 않고 재배한 순수한 친환경 녹차이다. 다희연이 화학비료와 농약을 전혀 사용하지 않는 프리미엄 전략을 펼치는 이유는 경쟁 회사들과의 차별화를 위한 목적도 있지만, 다희연의 설립 목적과도 맥을 같이 한다. 다희연을 설립한 창업자는 국내 최고의 약국 체인을 이끌었던 박영순 회장이다. 박영순 회장은 1991년 온누리 약국 체인을 설립하여 약사와 고객과 함께 온누리에 건강과 행복을 나눈다는 이념으로 온누리 약국을 1,660개의 체인을 가진 국내 최대 규모의 약국 체인으로 키운 장본인이다.

2004년 평생의 동반자인 남편과 사별한 이후 항상 사회에 공헌하라는 남편과의 약속을 지키기 위해 2005년 4월에 현재의 다희연인 농업법인 주식회사 경덕을 설립한다. 특히, 원시림이었던 현재의 녹차 밭을 일구기 위해 6개월간 피나는 노력을 하였고, 자동으로 영양분을 공급하는 이스라엘식 자동 관리 시스템까지 깔았다. 그 위에 2년생 유기농 녹차 묘목 33만 그루를 심고 생선, 당근으로 만든 발효액을 먹이며 녹차 나무를 키웠다. 그와 같은 노력의 결과로 2007년 첫 녹차 수확에 성공하였다. 현재 다희연 녹차 밭

---

83) 김민석, 창업사업화의 진로, 양서원, p.48~57.

은 3만 평 규모로 경쟁 회사 대비 작은 규모다. 하지만 다희연 설립자는 사업의 출발점이 약국 체인이었던 것처럼 양 보다는 질에 초점을 맞추었고 약국을 경영하고 국민 건강과 보건을 먼저 생각하는 약사의 마음으로 친환경에 초점을 맞추면서 프리미엄 건강 녹차를 생산하고 있다. 이런 이유로 다희연 녹차 밭에는 다른 녹차 밭과는 달리 깨끗하고 예쁜 찻잎이 많지는 않다. 특히 잎이 거뭇거뭇하며 벌레들이 먹고 간 흔적이 있다. 잡초도 함께 자라고 있어서 보성이나 하동 녹차 밭처럼 정돈된 느낌은 없다. 하지만, 이것이 자연의 모습이며 다희연이 제공하는 유기농 녹차의 본 모습이다. 다희연 녹차 밭은 힐링이라는 정신과 육체의 건강을 배려함과 동시에 다양한 계층의 방문객들에게 다양한 재미까지 제공한다. 먼저 광활한 녹차 밭을 배경으로 스릴 만점의 짚라인이 젊은 모험자들을 유혹하고 있다. 짚라인은 총 4개 코스이며 타는 데 4시간이 걸린다. 녹차 밭을 배경으로 스릴 넘치는 짚라인을 타면 모든 스트레스가 사라질 정도다. 짚라인은 해병대 캠프처럼 극한 체력을 요구하지도 않고 번지점프처럼 공포심을 유발하지는 않는다는 점에서 남녀노소 모두 즐길 수 있는 레포츠이다. 짚라인은 원래 하와이 등 남태평양에서 이동 수단으로 사용되었는데 나무 또는 지주대 사이로 튼튼한 와이어를 설치하고 연결된 트롤리(Trolley)를 와이어에 걸어 빠른 속도로 반대편으로 이동하는 수단 또는 레포츠를 통칭한다. 한편, 다희연은 짚라인 이외에 새로운 힐링리버를 계획하고 있다. 다희연 녹차 밭은 3만 평이지만 총 부지는 6만 평이며, 경사가 큰 편이다. 이런 천혜의 자연환경을 활용해서 녹차 밭에 어울리는 힐링리버를 계획 중이다. 동 힐링리버에서 유기농 녹차를 마시면서 자연의 소리를 듣는 동 코스는 향후 다희연의 인기 관광 포인트가 될 것으로 예상한다. 다희연은 유기농 녹차 밭이 넓게 펼쳐져 있어 녹차 밭을 누비며 카트체험과 짚라인도 즐길 수 있는 곳이다.

특히 다희연의 중요한 볼거리는 용암이 분출되면서 형성된 동굴을 이용하여 만든 동굴카페 해로동혈이다. 해로동혈은 살아서는 같이 늙고 죽어서는 한 무덤에 묻힌다는 뜻으로 생사를 같이하는 부부의 맹세를 비유한 말이다. 흔히 동굴은 물이 뚝 뚝 떨어지고 습기가 많은 것으로 인식하고 있는데 이곳은 색다른 시원한 청량감과 상쾌함을 준다.

동굴의 다원 다희연

마치면서

먼저 하나님께 영광을 돌려 드립니다.

많은 순례객과 함께 이 땅을 향한 하나님의 계획과 하신 일을 놀랍고 가슴 두근거리는 맘으로 역사의 현장을 돌아보면 하나님이 우리를 향하신 그 뜻을 알게 되어 감사한 맘뿐이며 함께하시는 분들이 기뻐하시는 모습을 보면 더욱 감사하지 않을 수 없습니다.

그동안 돌아보았던 지역들을 정리하면서 그 지역에 나타난 하나님의 손길과 역사를 정리하여 이 책을 내게 되어 얼마나 감사한지 이루 말할 수 없습니다. 그동안 함께 해오면서 동역해 주신 모든 분께 감사를 드리면서 서로 협력하여 이 책을 만들 수 있게 된 데 대하여 감사하지 않을 수 없습니다.

이 책이 이곳을 순례하신 분들뿐 아니라 오시지 못하신 분들에게도 도움이 되었으면 하는 맘입니다. 물론 더 자세한 것은 순례를 통하여 알 수 있겠지만 그래도 이것을 읽어 봄으로 순례하신 분이나 그렇지 않으신 분들이 더욱더 깊이 이해가 되리라고 확신해 봅니다.

하나님은 일찍이 이 땅에 사도 도마를 보내셨습니다. 왜 이리

도 급하게 보내셨을까? 하는 생각이 듭니다. 여기에는 분명한 하나님의 뜻이 있었을 것입니다. 하지만 우리는 그 도마를 잊었습니다. 하여 하나님은 다시 도마를 1866년 이 땅에 보내어 피를 흘리게 하여 온 세계가 이 땅을 보게 하셨습니다. 그리하여 수많은 선교사가 이곳을 향해 왔으며 그들은 원산에서 모여 성령의 불을 받게 됩니다. 그 불은 평양으로 그리고 온 나라로 퍼졌습니다. 하지만 사단은 이 불을 꺼야만 했고 민족에 슬픔과 아픔을 준 한일합방을 만들고 말았습니다. 하지만 이 불을 결코 꺼지는 불이 아니었습니다. 성령의 불은 우리 민족의 가슴속에서 계속 타올랐고 일어났습니다. 마침내 1919년 3월 1일 대한 독립 만세가 일어나고 그 해 4월11일에 상해 임시정부가 만들어집니다. 민족의 염원과 기도는 하늘에 상달 되었고 1945년 하나님의 손길을 통해 이 땅에 독립이 이루어지게 하시더니 1948년 8월 15일 대한민국의 정부가 세계의 열광 속에서 당당히 세워지게 하셨습니다. 그러나 기쁨도 잠시 사단은 1950년 6월 25일 주일 새벽 이 나라를 완전히 없애려고 소련과 북한을 동원하여 침략전쟁을 하도록 하였습니다. 하나님은 위급한 이 땅을 구원하시려고 전 세계의 젊은이들을 부르셨고 그들은 알지 못하는 나라로 달려왔습니다. 그리고 수많은 피를 흘리면서 이 나라를 지켰습니다. 하나님은 대한민국에 기도하는 백성을 세워 놀라운 부흥을 일으키시고 놀랍도록 복을 쏟아부으셨습니다.

왜 그리하셨을까? 하나님의 계획이 있으셨습니다. 우리 민족이 세계 젊은이들의 피의 빚을 지게 하심도 하나님의 계획이셨습니다. 이제 우리는 이 일을 해야 합니다. 그 빚을 갚아야 합니다. 그것은 물질로서만이 아니라 땅끝까지 가라 하신 하나님의 명령입니다. 그리고 에스겔처럼 외쳐야 합니다. 사단은 이것을 훼방하려고 우리의 영혼을 죽이는 작업을 하고 있습니다. 그것은 인간 중심사상입니다. 마지막 이 전쟁에서 이기는 힘은 일찍이 도마를 통해 이 땅에 전해준 오직 십자가 복음뿐입니다.

가야는 아직도 연구해야 할 부분들이 많이 남아 있어서 더 많은 분이 관심을 가지고 연구하고 정리하여 감추어지고 잃어버린 역사를 밝혀 나가기를 소원해 봅니다.

이 책을 내기 위해 원고를 쓰고 정리하신 김민석 교수님과 함께 사진을 촬영하느라고 고생을 하신 차점세 목사님의 노고를 치하드립니다. 그리고 원고를 내주셔서 함께 하신 손길 문화원 모든 위원님께 감사드립니다.

손길문화원 원장 **이용봉** 박사

이곳은 거룩한 땅이요

손길문화원 주제가
사58:12

집필 및 편집위원

손길문화원 **이용봉**원장	디아스포라 **김민석**위원장	손길문화원 **이종철**부원장
서울신학대학, 대학원 (MA) 연세대학교 연합신학대학원 Shepherd University H.D.D Union Seminary International D.C.E 한글전도법 창안	Western Covenant School of Theology 교수 사단법인 한국문화창업진흥원 원장 전 가톨릭상지대학교 교수 숭실대학교 경영학박사	머슴교회 담임목사 김해기독교연합회 가야문화 위원장 국제신학대학교 대학원 백석대학교 신학대학원

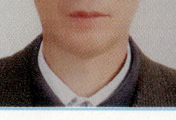

손길문화원 **차성훈**고문	**임종운**목사	밀알수양원 **차점세**원장	**강남석**목사
한샘중앙교회 원로목사 서울신학대학교	포항아름다운교회 담임목사 손길문화원포항지부장 장로회신학대, 신학대학원	단목교회은퇴목사 서울총신대 · 신학대학원	(사회복지) 아모나 이사장 리베스재단공동체 자문위원 총회신학대학원

손길문화원이 하는 일

손길은 하나님의 손길로 하나님의 뜻과 섭리를 깨우쳐 복음의 마지막 주자로서의 역할을 감당하려고 합니다.

* **알이랑 디아스포라 행전** : 가야지역 탐방 및 세미나. 당일, 1박 2일, 2박3일.
* **세미나** : 한글 전도법, 훈민정음의 정신, 역사 속에서 일하시는 하나님, 한문으로 푸는 성경, 언어 속에 담긴 하나님.
* **부흥회인도** : 손길문화원자비량 부흥단인도.

협조 : 농협 351-1111-9635-73 손길문화원
문화원 : 경남 진주시 남강로 633번길 8-1
전화 : 010-8894-3529

(사)한국문화창업진흥원

웨스턴커버넌트신학교 비즈아카데미 운영.
한민족 디아스포라 연구원 운영, 라나비 BAM 선교단체와 협업,
알이랑 디아스포라행전 운영,
밀알 치유 수양원에서 디아스포라 시기의 성례식인 차례를 계승하고자 제다 방식과 차 생활교육, 차를 통한 금식 및 기도 치유사역

교육및 상담 문의 : 070.7561.4524 수양원
　　　　　　　　　010.3853.4635 이사장　010.4188.2866 원장
수양원 : 경남 진주시 금곡면 죽곡길 7
협조 : 농협 899.02.283403 김민석